Michael Fuhrmann

KREUZ UND QUER AUF DER GLAUBENSSPUR

Zwischenbilanz auf der Zielstraße meines Lebens

AF239920

Für Lisa

MICHAEL FUHRMANN

Kreuz und quer auf der Glaubensspur

Zwischenbilanz auf der Zielstraße
meines Lebens

Books on Demand GmbH, Norderstedt

Impressum:
© 2012 Michael Fuhrmann
Herstellung und Verlag:
BoD - Books on Demand, Norderstedt
ISBN 9783848226979
Bibliografische Information der Deutschen Nationalbibliothek

Zu diesem Buch

Es ist nicht mehr lange hin, dann werde ich mein achtzigstes Lebensjahr vollenden. Damit bin ich in einem Alter angekommen, in dem an's Sterben gedacht werden darf. Ich tue das jetzt öfter als in früheren Zeiten, denn ich möchte herausfinden, was ich an Hilfen in mir vorfinde, die mir den Schritt ins Jenseits erleichtern könnten.

Viele meiner Freunde und Bekannten haben diesen Schritt schon getan. Als sie beerdigt wurden sprach man davon, dass sie zu Gott heimgegangen seien. Heimgehen ist schön, das weiß jeder, der lange in der Fremde unterwegs war. Heimgehen zu Gott muss besonders schön sein, denn Gott – so wird gesagt – ist im Himmel, also dort, wo alle nur denkbaren Freuden zusammen fließen.

Ob man diese Freuden meinen verstorbenen Bekannten missgönnt hat? Ich habe nämlich nur Tränen gesehen, als die Särge in der Erde verschwanden. Vielleicht ist der Abschiedsschmerz doch größer als die Zuversicht, musste ich denken. Vielleicht ist der Glaube doch nicht so stabil, nach dem Tod in Gottes Freudenreich eintauchen zu können. Doch was rede ich von anderer Leute

Glauben. Jetzt geht es um mich. Diesmal bin ich dran, mein Gepäck zu überprüfen. Was werde ich mitnehmen und was wird mir eine Hilfe sein, die letzte Strecke meines Lebensweges hoffnungsvoll zu gehen?

Um das herauszufinden, will ich einiges von dem zusammen führen, was mein Leben früher und heute bewegt hat: Kindhafte Glaubensbilder und Überlegungen der späteren Jahre; unbeschwertes Gottvertrauen und nagende Zweifel; begeistertes kirchliches Engagement und verärgerten Rückzug.

Warum ich das alles aufgeschrieben habe? Nun, ältere Menschen erzählen gerne. Und weil ihnen oft nicht zugehört wird, schreiben sie es auf. Manche lassen es sogar drucken, so wie ich. Dann ist es jederzeit nachzulesen, von mir selbst und auch von denen, die mich auf der Zielstraße meines Lebens begleiten wollen.

Michael Fuhrmann

ERSTER TEIL

Spuren in meinen frühen Jahren

Mein erstes Beten

Meine erste religiöse Erinnerung sieht mich im Kindergarten. Die Schwestern des Heiligen Franziskus begleiten dort meine Kindertage. >Lieber Gott, segne unser Butterbrot!< Das ist das erste Gebet, an das ich mich erinnere.

Meine Mutter sorgte dafür, dass es dabei nicht blieb. Bei uns zu Hause wurde viel gebetet. Zum Beispiel beim Aufstehen ganz früh am Morgen, gleichsam noch auf der Bettkante.

Wie fröhlich bin ich aufgewacht,
wie hab' ich geschlafen so sanft die Nacht,
hab' Dank im Himmel du Vater mein,
dass du hast wollen bei mir sein.
Behüte mich auch diesen Tag,
dass mir kein Leid geschehen mag. Amen.

Begonnen und beendet wurden die Gebete mit dem Kreuzzeichen. Den Heiland am Kreuz konnte ich mir in jedem Zimmer ansehen. Wie sehr er für meine Sünden gelitten hat, das erfuhr ich allerdings erst viel später. Vorerst war der liebe Gott zunächst einmal lieb. Lieb sollte auch ich nach

Möglichkeit sein, lieb und brav, andernfalls wäre nicht nur die Mutter, sondern auch der liebe Gott traurig.

Nach dem lieben Gott richtete sich vieles in unserem Haus. Vor jedem Essen wurde er als Gast zu Tisch gebeten. In meinen ersten Kindertagen mit dem schlichten Vers:

Komm Herr Jesus, sei unser Gast,
und segne, was du bescheret hast. Amen.

In späteren Zeiten wurde dieser kleine Text durch die Psalmworte ersetzt:

Alle Augen warten auf dich, o Herr.
Du gibst uns Speise zur rechten Zeit.
Du tust deine milde Hand auf und erfüllest
alles was da lebt mit Segen. Amen.

Ohne Tischgebet gab es nichts zu essen, und ohne Dankgebet durfte niemand den Tisch verlassen. Manchmal zog sich das Gebet nach der Mahlzeit noch etwas in die Länge. Dann nämlich, wenn ein Verwandter gestorben war. Für ihn wurde immer noch ein >Vater unser< und >Ave Maria< angehängt. Der liebe Gott hatte eben alle und jeden im Blick, Lebende und Verstorbene, von morgens bis abends, selbstverständlich auch in der Nacht. Besonders die Abendgebete hatten es meiner Mutter angetan. Das habe ich bald gespürt und wohl deshalb auch lange Texte aufsagen gelernt:

Müde bin ich, geh' zur Ruh',
schließe beide Äuglein zu.
Vater, lass die Augen dein
über meinem Bette sein.

Hab ich Unrecht heut getan,
sieh' es, lieber Gott, nicht an!
Deine Gnad' und Jesu Blut
machen allen Schaden gut.

Alle, die mir sind verwandt,
Gott, lass ruhn in deiner Hand.
Alle Menschen groß und klein,
sollen dir befohlen sein.

Kranken Herzen sende Ruh,
nasse Augen schließe zu,
lass den Mond am Himmel steh'n
und die stille Welt beseh'n.

Ergreifende Bilder bewegten meine kindliche Fantasie. Die wachenden Augen des himmlischen Vaters, die seltsam kranken Herzen und nassen Augen der vielen Leute, die es irgendwo in der Welt geben musste. Und natürlich der Mond, der in der dunklen Nacht von ganz oben die Welt besieht. Ja, da konnte ich mich wohlig in die Kissen kuscheln. Da war für alles gesorgt.

Der himmlische Vater
und seine Vertreter auf Erden

Wenn ich über meine Vorstellungen von Gott nachdenke, dann möchte ich am liebsten an meinen kindlichen Bildern anknüpfen, Theologie hin oder her. Um was soll es gehen? Wohl doch zunächst einmal um mich, wie ich mein Leben auf die Reihe bringen kann. Ich bin dankbar, ein gewisses Urvertrauen mitbekommen zu haben. Die Bilder vom beschützenden Gott über mir waren da weitgehend mitbestimmend.

Einen Vater im Himmel zu wissen, der es in jedem Fall gut mit mir meint, war für mich sehr beruhigend. Schade, dass mein leiblicher Vater diese Beschützerrolle nicht ausfüllen konnte. Allzu bald hatte Hitler ihn zur Kriegsvorbereitung in der Rüstungsindustrie gebraucht und dann anschließend über europäische Schlachtfelder gejagt. Körperlich und seelisch zerbrochen ist er später aus russischer Gefangenschaft heimgewankt. Dieses Vaterbild werde ich nie vergessen, als da ein kleiner zusammengeschrumpfter Mann in meinem Heimatdorf die Gasse herauf kam, von dem meine Mutter mir weinend sagte, dass er mein Vater sei. Ich war damals zwölf Jahre alt und hatte ihn lange nicht mehr gesehen. In meinem Kopf war noch der stramme Panzersoldat, der vor Jahren dem Endsieg entgegengefahren war. Nein, dieser irdische Vater konnte lange Zeit keinen Halt bieten. Da war der himmlische Vater schon eher gefragt. Leider bekam der jedoch mit der Zeit etwas strengere Züge, denn inzwischen hatte die katholische Kirche meine religiöse Erziehung in die Hand genommen. Der mich bisher verlässlich beschützende Himmelsvater blickte nun mehr und mehr mit kontrollierenden Blicken auf mich herab. Begleitend dazu lernte ich den Spruch kennen:

Ein Auge ist, was alles sieht,
auch was in dunkler Nacht geschieht.

13

Mein gütiger Vater-Gott war von denen vereinnahmt worden, die sich nun verstärkt um meine Erziehung bemühten, Schule und Kirche. Im Einvernehmen mit der göttlichen Autorität wurden ab sofort meine kindhaften Untaten als Sünden deklariert.

Die Möglichkeit zu sündigen war vielfältig. Zehn göttliche Gebote konnten übertreten werden und fünf Gebote der Kirche. Das ergab bei jeder Beichte ein langes Sündenregister. Wer sündigt, wird bestraft. Das musste ich einsehen lernen. Es galt, den pädagogischen Hinweis zu verinnerlichen: >Wer nicht hören will, muss fühlen<. Das Fegefeuer loderte auf, die Hölle ließ ihren ersten Feuerschein aufblitzen. Es wurde ungemütlich im katholischen Vaterhaus.

Was dabei für einen heranwachsenden Jungen an Ängsten produziert wurde, darüber hat man sich wohl kaum Gedanken gemacht. Ich weiß noch, dass ich damals fast daran verzweifelt bin, das Gebot der Keuschheit unbedingt befolgen zu wollen. Doch bei aller Anstrengung ist es mir leider nicht gelungen, gebotskonform schamhaft zu sein. Als unschamhaft galt, wer die Teile des Körpers, die bedeckt sein sollten, unnötig entblößt, anschaut oder berührt.

Jungenhafte Entdeckerfreude und aufkeimende Penislust hat mich immer wieder übermannt, jedenfalls so oft, dass ich bei meinen regelmäßigen Beichtgängen der Strafpredigt meines Beichtvaters sicher sein konnte. Schon das allein war äußerst unangenehm. Schlimmer war jedoch, dass ich aller Voraussicht nach nicht in den Himmel kommen konnte. Gerade das sechste Gebot galt nämlich bei Übertretung als Todsünde. Ewiger Tod war damit angedroht, ewige Gottesferne, Hölle. Mein Beichtvater hat seine ganze Fantasie bemüht, mir diesbezügliche Schreckensbilder auszumalen.

Schwankend zwischen Traurigkeit und Wut denke ich heute an diese Zeit zurück. Lag es an der mangelnden Ausbildung der Geistlichen, dass sie so undifferenziert über Sexualität urteilten? Für sie gab es wohl keinen Unterschied zwischen dem Mosaischen Gesetz und seiner Ableitung im Kinderkatechismus. Konnten sie es sich nicht vorstellen, wie sehr ich darunter litt, nicht aus der Versagensspirale heraus zu kommen? Spürten sie vielleicht sogar lustvoll ihre Macht, mich kleinen Buben als Verlierer zu sehen? Aus meiner späteren Tätigkeit in der Männerseelsorge weiß ich von so man-

15

chem Mann, dass er an dieser Stelle ausgestiegen ist, später auch die Kirchengemeinschaft verlassen hat. Wie viele junge Männer mögen an dieser Schnittstelle ihres Lebens verzweifelt die Liebe Gottes ausgeschlagen haben, weil ihnen ein unsensibler Geistlicher lieblos und unverständig begegnet ist?

Trotzdem will ich mein Nachdenken über den Himmelsvater und seine irdischen Vertreter nicht im Groll enden lassen. Lieber möchte ich mich daran erinnern, dass mir die Kirche trotz aller ihrer Unzulänglichkeiten auch ein hilfreiches Vaterbild übermitteln konnte. Gemeint ist das Gebet, mit dem Jesus seinen Vater im Himmel angesprochen hat. So sollt ihr mit meinem Vater im Himmel sprechen, hat er den Seinen empfohlen, und dem will ich mich dankbar anschließen: Gott möge unser aller Vater sein, heilig im Himmel und gütig besorgt um unser tägliches Brot, unsere Schulden vergebend und uns mahnend, mitmenschlich das Gleiche zu versuchen.

Begeistert und berührt

Es war das Lied der Lieder für einen katholischen Jungen. Wenn die Orgel es anspielte, war kein Halten mehr:

Großer Gott, wir loben dich,
Herr, wir preisen deine Stärke.
Vor dir neigt die Erde sich,
und bewundert deine Werke.
Wie du warst vor aller Zeit,
so bleibst du in Ewigkeit.

Dieses so genannte >Te Deum< habe ich seit Kindertagen im Ohr. In meiner Heimatgemeinde wurde es an Hochfesten des Kirchenjahres unter dem Klang aller Glocken gesungen. Die Stimme konnte einem versagen vor Begeisterung. Es ging um alles, um den unendlich großen Gott. Katholisch sein ist schön, so habe ich damals oft gedacht. Alle Kraft des Herzens musste her, wenn es darum ging, den großen Gott mit allen zur Verfügung stehenden Mitteln zu preisen, brokatene Klerusgewänder eingeschlossen und Weihrauch, so viel das Rauchfass hergab. Gott – das war der ganz Große, der Mächtige, der Ewige. Nichts konnte an ihn heranreichen. Ich kniete unter dem Gewölbe der alten romanischen Dorfkirche, und ganz oben, unendlich weit oben thronte der unfassbare Gott. Zu ihm durfte ich hinauf singen. Ich war einer von denen, die das durften. Ich war katholisch, ein Kind dieses Gottes. Ich ganz klein, und er größer als alles, was ich mir vorstellen konnte.

Mein Kleinsein vor Gott hat mich damals nicht gestört. Das war nun mal so. Gott war Gott und ein Junge war ein Junge. Später wurde die Sache schwieriger. Mein Gotteslob sollte begründet werden. Doch mit jeder Aussage des Credo schwand auch ein Stück meiner Unbefangenheit beim Singen des >Te Deums<, bis es schließlich für lange Zeit ganz verstummte.

Jetzt im Alter habe ich mich wieder seiner erinnert. Aber mein >Te Deum< klingt heute etwas anders. Es ist nicht mehr der stürmische Triumpfgesang meiner jungen Jahre. Heute möchte ich mich lieber mit leiseren Tönen meinem Gott nähern. Ich möchte ihn beim Singen in meiner Nähe spüren, wie er um mich ist, mich umfasst und trägt. So wie der alte Prophet es schildert, als er in einer Höhle die Erfahrung Gottes machte. Nicht im Beben der Erde hat er ihn erfahren und auch nicht im Brausen des Sturmes. Nein, ganz leise kam er daher, dieser große Gott, ganz zärtlich im Säuseln eines Windhauches. Ohne Pomp. Und Kirchglocken haben damals auch nicht geläutet.

ZWEITER TEIL

Spuren
in Kirchen und Klöstern

Kloster-Begegnungen

Auf meinem Lebensweg hatte ich immer wieder Begegnungen mit Klöstern. Das fing ganz früh an, denn schon mein Kindergarten befand sich in einem Kloster der Franziskanerinnen. Die Schwestern dieses Ordens prägten meine ersten Vorstellungen vom Klosterleben, zumal meine liebe Tante Casimira ebenfalls das Ordensgewand der Franziskanerinnen trug.

Später kreuzten auch männliche Ordensleute meinen Weg. Sie kamen in unser Dorf zum Messelesen, wenn der Pfarrer im Urlaub war. Wo sie herkamen, war an der Farbe ihrer Gewänder zu erkennen. Die Dunkelbraunen kamen aus dem benachbarten Franziskanerkloster. Von einigen Schwarzgewandeten hatten wir gehört, dass sie Jesuiten seien. Ab und zu waren auch die Weißen Väter zu sehen. Wenn diese ins Dorf kamen, waren Missionspredigten angesagt. Dann dehnten sich die Gottesdienste zu langen Berichten aus Afrika, wo Heidenkinder zu taufen waren. Dafür wurde natürlich auch viel Geld eingesammelt.

Jetzt in meinem Ruhestand habe ich eine weitere Gelegenheit, mich an das Klosterleben zu erinnern, denn ich wohne seit einiger Zeit in der Nähe der ehemaligen Zisterzienser-Abtei Kloster Schöntal. Zwar gibt es seit der Säkularisation durch Napoleon hier keine Mönche mehr, aber ihre geschichtliche Präsenz ist noch auf Schritt und Tritt zu spüren.

Eine ganz spezielle Ordensbegegnung erleben die Besucher von Kloster Schöntal im Ordensaal. Hier sind an den Wänden über dreihundert Bilder von Ordensgemeinschaften dargestellt, Männerorden, Frauenorden und Ritterorden. Man ist verwundert, dass es einmal so viele gegeben haben soll. Kaum jemand weiß jedoch, dass es auch in unserer modernen Gesellschaft noch eine große Zahl von Ordensgemeinschaften gibt, sogar mehr, als im Schöntaler Ordensaal zu sehen sind. Kürzlich habe ich im Internet nachgeschaut, Stichwort Ordensgemeinschaften in Deutschland, da gab es bei den Männerorden 116 Einträge und 342 bei den Frauenorden. So viele hatte auch ich nicht vermutet.

In Schöntal war es der Zisterzienserorden, der Jahrhunderte lang die Frömmigkeitsformen und das Leben der Mönche bestimmte. Die Gründung dieses Ordens geht zurück ins Jahr 1098, als in Frankreich in der Einöde von Citeaux ein neues Kloster entstand. Die lateinische Form des Ortsnamens war Cistercium, aus dem sich der Ordensname Zisterzienser entwickelte. Man empfand sich als Reformorden der Benediktiner mit dem Ziel, das Klosterleben wieder streng nach den Regeln des Heiligen Benedikts zu ordnen. Die Gelübde Armut, Keuschheit und Gehorsam waren einzuhalten und als Motto galt die Regel:>Ora et labora<, bete und arbeite.

Viele weitere Regeln prägten den Tagesablauf, der im Wechsel mit den Arbeitszeiten die Mönche achtmal zum Gebet versammelte. Die Pflege des Gregorianischen Chorals hatte man von den Benediktinern übernommen. Für das Psalmensingen galten spezielle Regeln. So heißt es beispielsweise im 19. Kapitel der Regel des Heiligen Benedikt: >Erwägen wir also, wie man sich im Angesichte Gottes und seiner Engel verhalten muss; und stehen wir so beim Psalmensingen, dass unser Herz im Einklang ist mit unserem Wort.<

In späteren Zeiten hat der berühmte Abt Benedikt Knittel an der Krcuzgangtüre zur Klosterkirche in Schöntal diesen Text in

lateinischer Sprache als Knittel-Vers gestaltet. Die deutsche Übersetzung lautet:

Stehst du vor Gott, so ziemt es sich nicht,
dass die Sinne dir schweifen.
Betet das Herz nicht mit,
müht sich die Zunge umsonst.

Wenn ich bei meinen Klosterführungen
diesen Text lese, dann denke ich an die
Zeiten zurück, in denen sich auch bei mir die
Liebe zum Gregorianischen Choral entwickelt
hat, zunächst in einer Knaben-Schola, später
im Chor gestandener Männer. Noch heute
kann ich viele Stücke in lateinischer Sprache
ohne Buch singen. Damals kam mir der
Gedanke, ob nicht auch aus mir einmal ein
brauchbarer Mönch werden könnte. Die
Zeiten der Klausur hätten mich nicht ge-
schreckt, geregelte Tagesabläufe bevorzuge
ich bis heute, und Anhäufen persönlicher
Güter war auch nie meine Sache. Möglicherweise hätte mir jedoch das Keuschheits-
gelübde einige Schwierigkeiten bereitet. Sei's
drum, mein Leben ist jetzt fast zu Ende und
es ist müßig, diesen Gedanken weiter zu
spinnen. Die Dimension des Klosterlebens
lässt sich hier nicht mit wenigen Worten

erfassen. Jahrtausende lang haben Frauen und Männer auf sehr unterschiedliche Weise in Klöstern gelebt und dabei Wertvolles und Nützliches für die Menschheit geleistet. Doch wie in allen Bereichen menschlichen Zusammenlebens ist auch im Kloster nicht nur heile Welt anzutreffen. Psalmensingen allein macht noch keinen Mönch, und die Kutte ist noch kein Ausweis für gutes Menschsein. Das ist mir wieder einmal deutlich geworden, als ich mir kürzlich auf einer Fahrt ins Allgäu die Kartause Buxheim angeschaut habe.

Als Bauwerk ist das Kartäuserkloster Buxheim beeindruckend. Am Innenleben hat mich einiges gestört. Da ist mir als erstes aufgefallen, wie massiv die Trennung der Ordenspriester von den Ordensbrüdern betrieben wurde. Die beiden Gruppen hatten je eigene Kirchenteile, getrennt durch eine Wand mit einer Türe, die jedoch während der Gebetszeiten verschlossen blieb. Diesen sogenannten Lettner kenne ich auch aus anderen Klosterkirchen, aber so massivtrennend habe ich ihn bisher noch nie gesehen. Ob das im Geiste Jesu war, höre ich Besucher fragen. Mir erscheint es als ein Ärgernis, zumal man als Mönch doch in besonderer Weise auf ein brüderliches Miteinander ausgerichtet sein sollte.

Ein besonders wertvolles Chorgestühl befindet sich im Kirchenteil der Ordenspriester. Der Kirchenführer erzählt uns aus dem Leben des Künstlers Ignaz Waibl, der das Chorgestühl zwischen 1687 und 1691 angefertigt hat. Dabei ist zu hören, dass der Künstler später total verarmt gestorben sei. Mich macht das wütend. Fromme Kartäusermönche lassen einen Mann zugrunde gehen, der ihnen ein Werk hinterlassen hat, das bis in unsere Zeit hinein die Menschen staunen lässt. Eigentlich müsste ihnen >der Hintern heiß geworden sein<, wenn sie sich beim Beten in dieses Chorgestühl gesetzt haben. Bei solchen Kloster-Begegnungen bin ich hin und her gerissen und überlege, was ich von dieser Variante des Christseins halten soll. Einerseits ist viel Gutes von Klöstern ausgegangen. In ihren Schreibstuben entstanden Bücher und Schriften, die weit ins Land hinaus die Menschen lehrten und Kultur in ihr Leben brachten. Schulen wurden in Klöstern eingerichtet, in denen auch die einfachen Menschen lesen und schreiben lernten. Und viele Klöster waren für die armen Leute unentbehrliche Arbeitgeber. Noch bis heute ist der Spruch bekannt: >Unter'm Krummstab ist gut leben.<

Andererseits ist es nur schwer einsichtig, warum Menschen sich mit den Klosterregeln wichtige Grundbedürfnisse ihres Menschseins freiwillig abschnüren. Zum Beispiel das lebenserhaltende Gespräch von Mensch zu Mensch. Warum unentwegt schweigen, wie bei den Kartäusern und manch anderem Orden? Zur Selbstfindung? Zur tieferen Erkenntnis Gottes? Und warum getrennt und isoliert in einer Kartause leben, in die sogar die tägliche Mahlzeit nur verdeckt hineingereicht wird?

Vielleicht hatte Johann Wolfgang von Goethe doch recht, als er im Schauspiel >Götz von Berlichingen< eine kleine Szene gestaltete, an der man sich noch bis heute reiben kann. Dort klagt der Ritter mit der Eisernen Faust einem Klosterbruder seinen mühsamen Alltag, worauf dieser ihm antwortet: >Was sind die Mühseligkeiten eures Lebens gegen die Jämmerlichkeit eines Standes, der die besten Triebe, durch die wir werden, wachsen und gedeihen, aus missverstandncr Begierde, Gott näher zu rücken, verdammt.<

Ein Grab mit vielen Fragen

Mein Wohnort ist die Gemeinde Schöntal im Hohenloher Land. Vor einiger Zeit wurde in der Schöntaler Klosterkirche ein sogenanntes Heiliges Grab der Öffentlichkeit vorgestellt. Es handelt sich um ein Gebilde, das im Jahre 1790 vom Bildhauer Georg Schäfer aus Bad Mergentheim in Holz gefertigt wurde.

Zu sehen ist ein etwa vier Meter hoher Felsen. Im oberen Teil befindet sich ein offener Tabernakel, der von einem goldenen Strahlenkranz eingefasst ist. Unten ist eine etwa zwei Meter breite Höhle, die das Grab Jesu darstellen soll. Oben auf dem Felsen und an weiteren Stellen stehen weißgefasste Engelfiguren und goldene Kerzenleuchter mit brennenden Kerzen.

Dieses Heilige Grab geht zurück auf Darstellungen in Jerusalem aus der frühen Christenheit. Im Mittelalter wollten viele Kirchengemeinden eine Erinnerungsstätte an das Grab Jesu haben. Zur Zeit der Liturgiereform im Zusammenhang mit dem Zweiten Vatikanischen Konzil wurde das Heilige Grab in Schöntal nicht mehr benötigt. Es wurde in Einzelteilen auf den Emporen der Kirche abgelegt. In unserer Zeit hat nun die Organisation >Schlösser und Gärten< des Landes Baden-Württemberg das Heilige Grab in Schöntal restauriert und erneut aufgestellt.

Die Nutzung des Heiligen Grabes wurde von der katholischen Kirchengemeinde damit begründet, dass die Christen unserer Zeit wieder ihren Glauben mit allen Sinnen leben möchten. Deshalb sollte das Heilige Grab in Schöntal in die Liturgie der Karwoche eingefügt werden.

Die Symbole gestalten sich so: In Erinnerung an das Letzte Abendmahl steht am Gründonnerstag im offenen Tabernakel die Monstranz mit der geweihten Hostie. Am Karfreitag ist die Figur des gestorbenen Jesus in der Grabeshöhle aufgebahrt. Karsamstag ist das Grab mit einem großen Stein verschlossen, der am Ostermorgen weggewälzt ist. Man sieht dann ins leere Grab und die Figur des auferstandenen Jesus steht mit Siegesfahne im offenen Tabernakel.

Eigentlich möchte ich mich nicht in die Frömmigkeitsformen von anderen Leute einmischen. Jede Zeit hat ihre eigenen Bräuche. Deshalb mag in der Schöntaler Barockkirche auch barockes Brauchtum seinen Platz haben. Ob es aber auch in unsere Zeit hinein passt, da bin ich mir nicht sicher. Die gewünschte Ganzheitlichkeit, also mit allen Sinnen zu glauben, hat sicherlich einige Tücken. Tod und Auferweckung Jesu in so pragmatischer Form darzustellen, kann in die Irre führen. Nicht umsonst wurde das Heilige Grab in Schöntal nach dem Zweiten Vatikanischen Konzil nicht mehr gebraucht. Am Heiligen Grab in Schöntal scheint nämlich alles klar zu sein. Jesus wurde umgebracht, er ist tot und liegt im Grab. Ein paar Tage später ist er wieder da, leibhaftig mit Siegesfahne in der Hand. So kann es aber nicht gewesen sein. Tot ist tot. Auferweckung durch Gott muss anders erklärt werden. Dazu hat das Konzil viele gute Hinweise gegeben.

Wenn ich an das Ostergeheimnis denke, dann möchte ich diesen Mann Jesus für mich als Hoffnungsträger heranziehen. Allerdings nicht den, der beim Heiligen Grab in Schöntal mit der Siegesfahne unter die Leute tritt. Ich glaube, sein Weiterleben nach dem Tod hatte eine andere Dimension, nämlich die Dimension Gottes. Gott von Ewigkeit zu Ewigkeit, kein Vorher, kein Nachher, kein Immer, aber ewig. Menschlicherseits bleibt da keine Verstehensmöglichkeit.

So schwer es mir auch fällt, das Ostergeheimnis ins Leben hinein zu nehmen, mir
hilft es, mich meiner persönlichen Zukunft
zu stellen. Wohin wird es mit mir gehen,
wenn mein Leben zu Ende ist? >Ich glaube
an die Auferstehung der Toten und das ewige
Leben< – tausendmal gesagt, oft gehofft und
noch öfter angezweifelt. Hoffe ich auf ein
Weiterleben nach dem Tod, ein Weiterleben
wie auch immer?

Existenzielle Fragen sind nur schwer auszu-
halten. Auch bei mir driften sie immer wieder
ab, manchmal bis ins Triviale. In jüngeren
Jahren hatte ich dafür einen Spruch parat:
>Mich muss es nicht ewig geben!< So wichtig
wollte ich mich nicht nehmen. Gerne spottete
ich weiter, was wohl die Leute mit einer
Ewigkeit machen wollten, wo sie doch schon
jetzt nichts mit sich anfangen können.
Pardon! Es war nicht bös gemeint.

Wenn es um hier und heute geht, dann sind
meine Lebensplanungen überschaubar. In
meinem Alter ist dann oft der Gedanke dabei:
Es ist genug! Klar, heute soll es noch weiter
gehen, und auch für nächstes Jahr habe ich
noch einige Pläne. Aber immer so weiter?
Nein! Es ist gut, dass der Schöpfergott meinem Dasein eine Grenze gesetzt hat. In

Zeiten reiflichen Nachdenkens kann ich das auch so annehmen. Ich hoffe, dass ich es in der entscheidenden Stunde ebenfalls kann. Das ist immer mal ein Gebet wert.

Seelenrettung

>Rette Deine Seele!< Dieser Satz steht auf einem massiven Holzkreuz in der Klosterkirche in Schöntal und trägt die Jahreszahlen 1936, 1953 und 1964. Bei meinen Führungen werde ich oft gefragt, was dieser Satz wohl zu bedeuten hat.
Die Antwort ist schnell gegeben. Es handelt sich um ein sogenanntes Missionskreuz. In den Zeiten vor dem Zweiten Vatikanischen Konzil war es in den Dörfern der Brauch, in gewissen Jahresabständen Volksmissionen abzuhalten. Dann kamen Mönche ins Dorf zum Predigen. Täglich gab es mehrere Predigten in der Kirche. Standespredigten für Frauen, Männer, Jugendliche. Am Ende dieser Glaubenserneuerungszeit wurde auf dem Missionskreuz das Jahr der Veranstaltung vermerkt.

Nach dem Zweiten Vatikanischen Konzil wurden diese Volksmissionen nicht mehr durchgeführt, jedenfalls nicht mehr in dieser Form, vor allem nicht mehr mit dem Hinweis >Rette deine Seele!<. Die Theologie hatte andere Aussagen gefunden. Man sprach nun >vom Volk Gottes unterwegs< und >von der Gemeinschaft der Gläubigen<. Individuelles Seelenretten stand nicht mehr im Vordergrund.

Die interessiert Fragenden bei meinen Kirchenführungen sind mit dieser Erklärung zufrieden. Was es in früheren Zeiten nicht alles gab, mag mancher gedacht haben. Mehr Bewegtheit habe ich bisher an dieser Stelle nicht gespürt.

Allerdings gerate ich selbst mehr und mehr ins Grübeln, wenn ich an diesem Kreuz vorbei komme. >Rette deine Seele!< ist eine Aufforderung, über die ich nachdenke. Seele ist das Reizwort, das mich beschäftigt. Es gab Zeiten in meinem Leben, in denen mir gesagt wurde: Der Mensch besteht aus Leib und Seele. Damals erschien mir das einsichtig. Mit meinem Leib hatte ich ausreichend Erfahrungen gemacht, und über die Seele predigten die Pfarrer. Später wurde mir gesagt, Leib und Körper sei nicht dasselbe.

Leib sei etwas anderes, als ich Tag für Tag durch mein Leben trage. Mit Leib sei die eigene Identität gemeint, also das, was bildhaft gesprochen hinter der eigenen Haut steckt.

Mir scheint, dass vor allem die Theologie diese Unterscheidung braucht. Beispielsweise beim Dogma, dass die Mutter Jesu ihre leibliche Aufnahme in den Himmel erfahren hat. Kaum jemand wird sich heute noch getrauen zu sagen, dass der Haut- und Knochenkörper von Maria in den Himmel aufgefahren ist. Der ist wie bei allen anderen Menschen irgendwo verwest. Leibliche Aufnahme in den Himmel meint etwas anderes, da darf der Körper durchaus im Grab vermodern. Der Leib aber, dieses seltsame Andere, was aber doch den ganzen Menschen meint, ist nach katholischer Lehre ins Himmelreich aufgenommen worden. Sicherlich kann man so etwas glauben; verstehen kann ich es nicht.

Jetzt kommt aber auch noch die Seele mit ins Spiel. Demnach gibt es also Körper und Leib, dazu noch die Seele. Diese galt lange Zeit als unsterblich. Immer wieder war von der unsterblichen Seele die Rede. Wenn schon der Körper sterben musste, die Seele sollte weiter leben, wenn es gut ging, bei Gott. Im schlimmsten Fall wurde sie in die Hölle verbannt, in die ewige Gottesferne.

Mit Seele verbinden sich mir viele Bilder und Vorstellungen. Seelenmesse beispielsweise, ein Gottesdienst mit Bittgebeten für die Seele auf dem Weg in die Ewigkeit. Allerseelen, ein Fest zum Gedenken an die Seelen der Verstorbenen. Aus ganzer Seele gesprochen, also aus tiefstem Gemüt. Seele als Innerstes im Menschen, gleichsam ein unfassbarer Kern, der alles überdauert.

Diese Seele also gilt es zu retten, so der Hinweis auf dem Missionskreuz. Der eigentliche Kern des Menschen soll nicht verloren gehen. Das, was den Menschen überdauert, soll seinen Weg zu Gott finden, soll gerettet werden Missionsprediger haben früher den Christen >die Hölle heiß gemacht<. Der Teufel lauerte hinter fast allen Vergnügungen. Es galt sich anzustrengen, nur ja nicht zu sündigen, und wenn doch, Buße zu tun. Christ sein war kein Zuckerschlecken.

Ich schaue mich um im Kirchenraum. Einige haben es geschafft. Heilige Männer und Frauen werden erinnert. Auf Pfeilern und Säulen stehen ihre Denkmale, den Körper mit Pfeilen durchbohrt, mit abgeschlagenen

Köpfen, lebendig gebraten, mit verzücktem Blick leidend. All das haben sie auf sich genommen, um ihre Seele zu retten, wird mir gesagt.

Irrtum, sagen andere. Seelenrettung durch eigenes Tun, das geht nicht. Nur Gottes Erlösungstat kann dich retten. Gerecht vor Gott bist du nur durch Gottes Barmherzigkeit.

Es tut mir in der Seele weh, wenn ich an diese Streitereien zurück denke. Schon wieder Seele. Ich könnte auch sagen: Im Herzen, also tief in mir, im Kern meines Seins. Doch einen Moment lang bleibe ich noch bei Seele, denn es ist noch nicht geklärt, was da in mir ist und zu Gott will oder soll. Gibt es überhaupt einen inneren Kern, der unabhängig von meinem Körper leben kann, sogar über den Tod hinaus? Etwas, das mich ausmacht, mit meiner Lebensgeschichte beladen ist, das mich voll und ganz darstellt.

Ich kann es nicht wissen, fürchte ich. Ich höre Wissenschaftler sagen: In der erfassbaren Welt gibt es das nicht. Neurobiologen beispielsweise finden keinen Ort im Gehirn, der mich repräsentiert. Die einzelnen Gehirnsegmente kommunizieren miteinander und entwickeln so etwas wie ein Ichbewusstsein.

Alles hat mit allem zu tun. >Erkenne dich selbst!< dieser Rat des Orakels von Delphi geht ins Leere. Das Selbst ist nicht anzutreffen, so jedenfalls sagen die Fachleute. Was also hätte ich retten sollen, wenn es da ganz innen gar nichts gibt?

Ich versuche noch einmal einen neuen Ansatz: Ich meine, wenn schon der Begriff Seele nicht aus der Welt zu schaffen ist, dann möchte ich ihn für mich anders deuten. Seele verstehe ich als ein Bild für meine Beziehungsfähigkeit. Ich möchte sie mit der Liebe vergleichen, die ja ebenfalls kein >Etwas< ist, sondern nur ein verbindendes Geschehen. Eine Beziehung, die nur so lange bestehen kann, wie sie mit meinem Körper oder Leib in Verbindung ist. Sie endet mit meinem Tod.

Im Tod stirbt alles, Leib, Körper und Seele. Zu Gott gelangen wir als ganze Menschen, gleichsam in einer Neuschöpfung. Seele ohne Leib ist kein Mensch. Wenn schon bei Gott, dann vollständig. Nur die Seele zu retten, wird nicht möglich sein, selbst wenn es sie gäbe.

Viele Wege führen zum Heil

Das Missionskreuz in der Schöntaler Kirche lässt mich noch nicht los. Nicht nur die Volksmissionen früherer Zeiten, sondern auch die aktuellen missionarischen Bemühungen meiner Kirche geben mir Anlass zum Nachdenken.

Vom Wort her gedacht bedeutet Mission, einen Auftrag wahrzunehmen. Die Apostel hatten noch Jesu Auftrag im Ohr, aller Welt von der Güte und Barmherzigkeit Gottes zu künden. Also zogen sie hinaus und missionierten ohne Rücksicht auf die eigene Existenz. Ihre Nachfolger haben das durch die Jahrhunderte hindurch weiter geführt und dabei ihr Leben riskiert. Leider auch in vielen Fällen das Leben derer, die sie missionieren wollten. Das ist eine leidvolle Geschichte, doch darüber habe ich hier nicht zu befinden.

Mich interessiert viel mehr, wie wir heute als Kirche auf die Menschen zugehen. Welchen Auftrag empfinden wir und was lässt uns hoffen, in der aktuellen Situation einladend zu wirken? Am Auftrag hat sich kaum etwas geändert. Immer noch geht es darum, die Liebe Gottes zu bezeugen und das Leben lebbarer zu machen. Ob wir aber auch ausreichend einladend wirken, da habe ich meine Zweifel.

Friedrich Nietzsche hat einmal von uns gesagt, wir müssten erlöster aussehen, wenn wir etwas bewirken wollten. Leider sehen wir aber immer noch nicht besser aus. Wie sich die katholische Kirche heute darstellt, ist alles andere als einladend. Die beim II. Vaticanum so hoffnungsvoll >aufgestoßenen Fenster zur Welt< sind längst wieder zugeklappt. Der damals so belebende >frische Wind der Erneuerung< hat sich verzogen. Dumpf und stickig ist die Innenluft geworden.

Dogma heißt das Wort, das alles zementiert. Ängstlich meint man am >Einzigwahren< festhalten zu müssen. Gleichzeitig suchen die Menschen auf vielen anderen Wegen ihr Heil. Viele Wege führen zum Heil – nein, nicht nach Rom, wie man früher sagte. Heute gehen viele ihren eigenen Weg zu Gott. Es gibt viele Religionen und viele Wahrheiten. Darüber darf gestritten werden. Mit Argumenten und in der Liebe. Jeder Suchende muss ernst genommen werden. Niemand hat die ganze Wahrheit. Wir müssen es ertragen lernen, dass alles menschliche Erkennen nur vorläufig ist.

Eine missionarische Kirche zieht den Anders-
denkenden nicht ins eigene Lager. Sie begegnet ihm freundlich, erzählt ihm vom eigenen
Erkennen und hört zu, was dem anderen
wert und heilig ist. Dann macht sie sich
wieder auf den Weg, hoffend, dass auch der
Andere dort ankommt, wo sie selbst gerne
ankommen würde. Und wenn dann doch
einmal Konkurrenz aufkommen sollte, dann
möge man sich eines weisen Mannes erinnern, der religiöses Streben schon vor
Jahrhunderten in eine Parabel gefasst hat,
Gotthold Ephraim Lessing. In seinem Theaterstück >Nathan der Weise< wird gestritten, welche Religion wohl die richtige sei. Zur
Abstimmung stand Judentum, Christentum
und Islam.

In der entscheidenden Szene erzählt der
weise Nathan seinem Gesprächspartner Sa-
ladin eine Geschichte, die inzwischen weltbekannte Ringparabel. Ich fasse sie hier kurz
zusammen.

Vor grauen Jahren lebte einst ein Mann im
Osten, der einen Ring von unschätzbarem
Wert besaß. Der Stein war ein Opal. Er hatte
die geheime Kraft, den Ringträger vor Gott
und den Menschen angenehm zu machen. Der

Ring wurde vom Vater vererbt. Jeweils der liebste Sohn sollte ihn erben und tragen. Und so geschah es durch Generationen. Schließlich kam der Ring auf einen Vater, der drei Söhne hatte, die ihm gleich lieb waren. Damit kam der Vater in Verlegenheit. Wer von den gleich geliebten Söhnen sollte den Ring erben? Was tun? Er ließ von einem großen Künstler zwei Kopien herstellen, vollkommen gleich dem Musterring. Und er gibt im Sterben jedem den angeblich einzig wahren Ring mit seinem Segen. Nach dem Tod des Vaters wähnt jeder der drei Söhne, den echten Ring zu besitzen. Die Söhne verklagen sich. Jeder beteuert vor dem Richter, den einzig wahren Ring aus seines Vaters Hand erhalten zu haben.

>Den einzig wahren Ring.< Hier darf die Parallele gezogen werden zu der einzig wahren Religion. Der weise Nathan lässt den Richter eine brauchbare und lebbare Lösung finden. Er weist auf die Eigenschaft des echten Ringes hin, die den Besitzer vor Gott und den Menschen angenehm macht. Künftig soll darauf geachtet werden, welcher Besitzer diese Eigenschaft aufweisen kann. Und so empfiehlt er allen drei Ringbesitzern, sprich Religionen:

Es eifere jeder seiner unbestochenen von Vorurteilen freien Liebe nach! Es strebe von euch jeder um die Wette, die Kraft des Steins in seinem Ring an den Tag zu legen, komme dieser Kraft mit Sanftmut, mit herzlicher Verträglichkeit, mit Wohltun, mit innigster Ergebenheit in Gott zu Hilf!

Nathan lässt die Entscheidung offen, welcher Ringbesitzer und welche Religion sich am menschenfreundlichsten zeigen wird. Das Urteil darüber mag >ein anderer Richter< fällen. Für unsere Erdenzeit wird es ausreichen, wenn jede Religion sich tapfer müht, vor Gott und den Menschen angenehm und lebensstärkend zu sein.

Gott – in drei Personen ein Einziger

Immer wieder bei meinen Führungen durch die ehemalige Zisterzienserabtei Kloster Schöntal treffe ich auf die Symbolik der Dreifaltigkeit. Neben der Marienfrömmigkeit stellten die Zisterzienser auch den drei-

einigen Gott in den Mittelpunkt ihrer Ver-
ehrung.

Symbole verlangen nach Erklärung. Am Dreifaltigkeitsaltar in der linken Seitenkapelle
der Kirche scheint die Darstellung klar zu
sein. Gottvater sitzt in Würde auf himmli-
schem Thron. Seine linke Hand umfasst die
Weltkugel. Heiliger Geist schwebt über ihm
und seinem Sohn Jesus. Dieser sitzt zur
Rechten des Vaters und hat von ihm das
Zepter übernommen. Man sieht es noch, wie
Gottvater es ihm mit der rechten Hand
übergibt.

Michael Kern aus Forchtenberg hat diesen
Dreifaltigkeitsaltar geschaffen, mitten im
Dreißigjährigen Krieg. Er trägt das Datum
1628.

Christenmenschen gefällt dieser Altar, wenn
ich ihn bei meinen Führungen zeige. So
haben sie es gelernt: Heiliger Geist, das ist
die Taube. Manche wissen sogar die Geschichte, die hinter der Taubendarstellung
steht. Es sei nämlich bei der Taufe Jesu der
Geist Gottes über ihm geschwebt gleich einer
Taube. Nicht als Taube, aber doch ver-
gleichsweise so wie Tauben eben schweben.
>Die dritte Person in der Gotthcit<, so wie
ich das einmal im Religionsunterricht gelernt

habe, macht gläubigen Menschen keine großen Schwierigkeiten. Hin und wieder vermutet man schon mal die Friedenstaube, aber das wäre ja auch ein ehrbarer Zusammenhang mit der Darstellung göttlichen Wirkens. Bei Jesus ist die Sache zunächst ebenso eindeutig. Wer das Glaubensbekenntnis aufsagen kann, erinnert sich bald an die Aussage: >Er sitzt zur Rechten des Vaters<. Klar, das tut er hier auf dem Altar unübersehbar. Und als gleichberechtigter Mitregent der Welt hat er auch Anspruch auf das Zepter der Weltherrschaft. So weit, so gut.

Von Christen höre ich an diesem Altar keine Zweifel. Bei Moslems oder den angeblich Nichtgläubigen ist das manchmal schon anders. Da wird gefragt: >Habt ihr mehrere Götter? Es gibt doch nur einen. Wieso dreimal Gott?<

Nun bin ich im Normalfall durchaus in der Lage, die gängigen Inhalte christlicher Theologie zu erklären, und wohlmeinende Teilnehmer an Schöntaler Kirchenführungen geben sich damit auch zufrieden. Aber ich selbst bin mehr und mehr unzufrieden mit meinen vorgegebenen theologischen Texten. Besonders die dogmatisch festgezurrte Aussage im Credo >eines Wesens mit dem Vater<

macht mir zunehmend zu schaffen. Letztendlich ist Jesus damit gottgleich und also auch ein Gott. >Wahrer Gott vom wahren Gott.<

Ich erinnere mich: Schon Arius von Alexandrien hatte damit seine Schwierigkeiten. Er lehrte, dass Christus nicht gottgleich sei, sondern ein >nicht ewiges Mittelwesen unter Gott<. Der damals aufkommende sogenannte Arianismus schlug hohe Wellen, und Arius wurde auch im Jahre 325 auf dem Konzil von Nicäa mit dem Bann belegt. Es ist also große Vorsicht geboten, an unverständliche Glaubensaussagen zu rühren.

So ganz nebenbei gesagt: Auch Abt Knittel, der große Benedikt von Schöntal hat diesen Arius nicht leiden können. Noch in der Barockzeit konnte er es nicht lassen, den Übeltäter Arius zu verunglimpfen. Wie er das gemacht hat, dazu muss man allerdings Abt Knittel sein. Und das entbehrt nicht einer gewissen Komik.

In Schöntal gibt es nämlich eine Besonderheit, die sogenannten Knittelverse, lateinische Vierzeiler, die der berühmte Schöntaler Abt Knittel gedichtet und mit seinem Namen versehen hat. Sie sind überwiegend seelsorgerlichen Inhaltes und befinden sich über den Türen der ehemaligen Mönchzellen. Es gibt jedoch auch Knittelverse über den ehemaligen Toilettentüren der Mönche. Und über einer solchen hat Abt Knittel sich des Arius erinnert. Da heißt es:

AD ARRIUM
Crepuit medius et deffusa
sunt omnia viscera eius. Act. 1,18

Viscera latrinae
Legat turpique fodinae
Impius Arrius
Tam fuit ille pius.

Die Übersetzung spricht davon, dass dieser Arius in einer Abortgrube sein Leben beenden musste, angeblich als Strafe für sein Ketzerdasein.

Ich bin weit abgekommen von dem, was mich veranlasst hat, über die Dreifaltigkeit Gottes nachzudenken. Kehren wir also zurück zu der Frage: Gott – ein Einziger, oder doch nicht? Ich habe nämlich inzwischen auch beim großen Theologen Hans Küng Andeutungen gefunden, die an dem Jesus-Gott Zweifel aufkommen lassen könnten. In seinem Buch >Was ich glaube< erzählt er von Eltern, die ihren Kindern das Kreuz erklären wollen. Dabei sagt Hans Küng ausdrücklich: Die oft schon Kindern gegebene Auskunft >Hier hängt Gott< ist nicht richtig.

Und weiter schreibt Küng auf Seite 243: >Ein gekreuzigter Gott also? Ich kann dieser These christlicher Theologen nicht zustimmen. Ich folge lieber dem Neuen Testament und der Hebräischen Bibel und nicht gnostisch-kabbalistischen Spekulationen. Im Kreuz Jesu Christi ist nicht Gott schlechthin gekreuzigt worden, nicht der Gott, ho theós, der im Neuen Testament durchgängig der Vater, Deus pater omnipotens, ist.<

Der gekreuzigte Mann Jesus ist demnach nicht so ohne weiteres als Gott anzusprechen. Jesus hat ja auch zu seinen Lebzeiten niemals den Anspruch erhoben, Gott zu sein. Nicht einmal >Sohn Gottes< wollte er genannt sein. >Gottessohn< ist ein Ehrentitel, der ihm von der späteren Christenheit zugesprochen wurde.

Wann also wurde aus dem Mann Jesus der >wahre Gott und wahre Mensch<? Spätestens wohl bei der Abfassung des Credo wo es heißt: >Gott von Gott, Licht vom Licht, wahrer Gott vom wahren Gott.<

Bei religiösen Unterweisungen in meinen frühen Jahren wurde in diesem Zusammenhang auf das große Geheimnis Gottes verwiesen. >In drei Personen ein Einziger<, weitab aller menschlichen Erfahrung, unbegreiflich. Wenn ich trotzdem mit meinen Fragen nicht nachlassen wollte, gab es die geheimnisvolle Geschichte aus dem Leben des Heiligen Augustinus, der wohl auch an diesem Rätsel herumgedacht hat. Ihm wurde damals bei einem Spaziergang am Meer eine rührende Antwort zuteil. Ein kleiner Junge habe am Meeresstrand Meerwasser in eine Sandkuhle geschöpft. Auf die Frage des Augustinus, was er da mache, habe der Junge geantwortet: >Ich schöpfe das Meer in die Kuhle.< Das wird dir nicht gelingen, soll der fromme Mann geantwortet haben. Und darauf der Junge: >Genau so wenig wird es dir gelingen, das Geheimnis der Dreifaltigkeit Gottes zu ergründen<.

Wenn schon der große Kirchenvater mit diesem Problem nicht weiter gekommen ist, dann muss ich mich wohl auch nicht grämen. Trotzdem frage ich ob es nötig war, um den sowieso schon unbegreiflichen Gott auch noch weitere theologische Geheimnisse aufzubauen. Mir würde es genügen, wenn ich den guten Mann Jesus als Propheten kennen gelernt hätte, durchdrungen von Gottes heiligem Geist, der ihn zu diesen ergreifenden Erzählungen von Gott befähigt hat. Gott wäre mir immer noch groß genug, auch ohne seine undurchschaubare Dreifaltigkeit.

Und er ist Mensch geworden

Da bleibt einem die Luft weg, wenn man das hört: >Gott ist Mensch geworden<. Nein, ich übertreibe. Christenmenschen haben sich längst an diese Nachricht gewöhnt. Ich auch. Vielhundertmal habe ich diesen kurzen Satz gesagt. Er steht so etwa in der Mitte eines langen Textes, den Kirchenbesucher sonntags als Bekenntnis ihres Glaubens beten. Wenn ich ihn früher als Chorsänger in Latein gesungen habe, hatte er einen gewissen Vorlauf, der mich etwas aufmerksamer sein ließ: Das >Et incarnatus est<. Gleich welcher Komponist das Credo komponiert hatte, an dieser Stelle war piano eingezeichnet. Leise, zurückhaltend, mit inniger Frömmigkeit sollte gesungen werden, wenn es darum ging, das Weihnachtsgeheimnis anzukündigen. >Vom Heiligen Geist gezeugt, von der Jungfrau Maria geboren ist er Mensch geworden<. Die Rede ist von Jesus, den die Kirche als wahren Gott und wahren Menschen bekennt. Auch hier finde ich es schade, dass die Menschwerdung Gottes mit so viel schwieriger Theologie umstellt ist. Heiliger Geist ist schon als solcher kaum vorstellbar, dann auch noch zeugungsfähig. Vielleicht aber doch nicht so konkret, weil Maria auch noch gegen alle menschliche Erfahrung Jungfrau blieb. Wie gesagt, ehe ich das alles auch nur halbwegs bedenken kann, ist dieser wichtige Satz des Credo schon an mir vorbeigerauscht: >Et homo factus est.<

Aber gerade das ist doch die unüberbietbare Sensation. Wie kann man nur darüber wegstolpern, singend oder betend? Ich bin sprachlos, auch über mein eigenes Verhalten.

Gott wurde Mensch. Wie mag es ihm dabei ergangen sein, überlege ich. Wenn man Gott ist, dann muss es einem doch schwer fallen, eine solche Position aufzugeben. Das Allmächtigsein beispielsweise. Und als Mensch ist man auch nicht mehr allwissend. Gütig kann man noch sein, auch barmherzig. Und lieben, ja, das kann man weiterhin auch als Mensch aus ganzem Herzen.

Zu schlicht gedacht? Mag sein, aber als Mensch bleibt einem nichts anderes übrig. Wenn Gott anders denkt, nun ja, dafür ist er Gott. Als Mensch wird er nicht viel anders gedacht haben als ich.

Jesus war wahrer Mensch, doch wenn er auch noch Gott war, dann wird er es schwer gehabt haben. Wenn zum Beispiel Allwissenheit mit normalem Menschenverstand kollidiert, dann kann es nur schwierig werden. Das wird der Himmelsvater dem Jesus nicht zugemutet haben.

Ich trete einen Schritt zurück und verkneife mir alle weiteren theologischen Klimmzüge. Was mich freut ist, dass Gott auf den Gedanken gekommen ist, Mensch zu werden. Als Mensch weiß er, wie es unsereinem geht. Man wird geboren, durchlebt eine mehr oder weniger geglückte Kindheit, muss viel lernen, um sein Auskommen zu haben, und wird mit der Zeit alt. Einmal abgesehen von der Not, eines Tages sterben zu müssen. Die Liebe ist auch nicht so einfach zu leben. Summa summarum: Das Leben will gelebt sein und verbraucht alle Kraft, die man hat.

Schön, dass Gott das alles und vielleicht noch mehr selbst erfahren hat. Er weiß also, was er da vollbracht hat, als er den Menschen auf die Erde gesetzt hat. Mit seiner eigenen Menschwerdung hat er selbst erlebt, wie es ist, ein Mensch zu sein. Das wiederum tröstet mich sehr, wenn ich an das Abschlussgespräch denke, das Gott angeblich zu Ende meines Lebens mit mir halten will. Gleichsam von Mensch zu Mensch kann man wohl einiges erklären. Da sollte mir nicht bange sein.

Vorerst jedoch will ich mich hin und wieder zu mehr Aufmerksamkeit ermahnen, wenn es im Glaubensbekenntnis heißt: >Und er ist Mensch geworden<. Das ist wirklich mehr, als man von Gott erwarten durfte.

Allerlei Engel

Gestern war >Zweiter Advent<. Im Klosterhof von Schöntal pilgerten viele hundert Leute an den Ständen des Weihnachtsmarktes vorbei. Ich auch. Das Warenangebot war zurückhaltend vorweihnachtlich. Glühwein und

Punsch, Wurst im Wecken, Kerzen und Adventsschmuck, und viele, viele Engelein. Advent und Weihnachten ohne Engel, das wäre wohl auch kaum vorstellbar. Ich meine die putzigen Figürchen im langen weißen Kleid, pausbackig mit Silberhaar und ausgebreiteten Flügelchen. So sind sie mir seit Kindertagen bekannt. Mit den Engeln aus den Geschichten der Bibel haben sie wenig gemeinsam. Nun ja, auch in der Bibel treten die Engel recht unterschiedlich auf. Das Weihnachtsevangelium spricht von >Himmlischen Heerscharen<. Ein Heer von Engeln. Da sind wohl viele gemeint. Es ging ja auch um ein weit vernehmbares Gloriasingen.

Kurz vorher war allerdings ein einzelner Engel aufgetreten. Gar nicht so putzig dekoriert, denn wie sonst hätten sich die wetterfesten Hirten vor ihm fürchten sollen. >Fürchtet euch nicht!< soll er aber als erstes gesagt haben. Demnach war er keiner von der harmlosen Sorte.

So etwa wie mein Namens-Engel Michael wird er aufgetreten sein. Von dem sagt man, dass er sogar mit Lucifer fertig geworden ist. Seitdem darf der ehemalige >Lichtträger des Himmels< als abgesetzt gelten und tiefere Regionen unsicher machen. Diabolus hat

man ihn später genannt, den >Durchein-
anderwirbler<. Was nicht alles aus einem
Engel werden kann!

In der Adventszeit steht allerdings ein anderer im Vordergrund: Gabriel, der Ver-
kündigungs-Engel. Den kennt jeder Christ
von Bildern mit der Jungfrau Maria. Inter-
essanterweise musste aber auch dieser zuerst sagen: >Fürchte dich nicht, Maria!< Vielleicht jedoch aus einem ganz anderen Grund.
Stellen wir uns die Situation noch einmal
vor. Maria, die junge Frau war schwanger
geworden, ohne einen angetrauten Mann
vorweisen zu können. Heiliger Geist hin oder
her, den konnte sie wohl kaum als Vater
ihres Kindes angeben. Also war sie voll
Angst, wie ihr Leben weiter gehen könnte.
Und genau in dieser Bedrängnis kommt nun
einer daher, der ihr gut zuspricht: >Fürchte
dich nicht, Maria! Was du da jetzt erlebst,
wird gut ausgehen. Schau mal, auch deine
Base Elisabeth ist noch schwanger geworden. Auch das hat niemand für möglich ge-
halten in ihrem Alter. Es ist Gottes Wille, bei
dir Maria und auch bei Elisabeth. Dazu soll-
test du jetzt Ja sagen lernen. Geh' zu Elisabeth! Gemeinsam werdet ihr es schaffen<. So
könnte der Engel gesagt haben, denke ich

mir. Und so wird mir auch die Figur des Engels erkennbar: Ein Bote im Auftrag Gottes und ein Helfer im richtigen Moment. Einer, der damals der ängstlichen Maria wieder Mut machen konnte. So einer musste aber nicht auf Flügeln vom Himmel schweben. Da gab es damals wohl auch in Nazaret einen Menschen, dem wir das zutrauen können. Einer, der sich ein Herz fasste und der jungen werdenden Mutter eine Perspektive aufzeigte. >Fürchte dich nicht, Maria!< Das klingt nun ganz menschlich, menschenfreundlich, mitmenschlich.

Engel dieser Art sind möglicherweise auch heute noch unterwegs, ganz ohne weiße Flügel, dafür mit einem verständigen Herzen und zupackenden Händen. An solche Engel zu glauben, braucht es keine theologische Ausbildung. Wache Augen, sie unter uns zu erkennen, das dürfte reichen.

Noch hilfreicher wäre es, sich selbst diese Engel-Rolle zuzutrauen. Auch wieder ganz ohne Flügel über heutige Weihnachtsmärkte zu wandern, die Augen offen und die biblische Zusage griffbereit im Gepäck: >Fürchte dich nicht!<

DRITTER TEIL

Spuren in Alltag und Welt

Nur eine Schneeflocke

Der Winter zu Anfang des Jahres 2010 ist streng. Das Thermometer zeigt viele Minusgrade, und fast täglich muss vor unserem Haus der Neuschnee weggeräumt werden. Im Radio und Fernsehen häufen sich die Unfallmeldungen. Vor einer Stunde kam die Nachricht, dass etwa 55.000 Unfälle mehr passiert seien als im Vorjahr, und wir haben erst Mitte Februar.

Erste Stimmen werden laut, die von hohen wirtschaftlichen Einbußen reden. Kaputte Autos, ausgefallene Arbeitsstunden der Bauindustrie, und jede Menge gebrochener Beine und Arme derer, die ins Rutschen kamen. Manche Krankenkassen haben schon Zusatzbeiträge erhoben.

Doch es gibt auch Leute, denen dieser Winter Freude macht. Den Wintersportlern zum Beispiel auf alpenländischen Pisten und vor allem bei der Winter-Olympiade in Kanada. In diesen Tagen beginnt dieses große Volksfest der Rekorde. Da werde ich lange Stunden vor dem Fernseher sitzen und zusehen, wie junge Leute ihre Freude daran haben, auf Schnee und Eis ihre Künste zu zeigen. Eis und Schnee ist nun mal die Voraussetzung, dass solches geschehen kann. Für die einen Grund zur Freude, für andere Anlass zur Sorge, so wie immer im Leben. Alles hat zwei Seiten, sagen die Leute. Oft stimmt das auch. Aber diesmal und für heute habe ich bei diesem Thema noch eine dritte Seite entdeckt, und das ist eine sehr geheimnisvolle Seite.

Was ich meine: Scheinbar ganz selbstverständlich fällt da im Winter der Schnee vom Himmel. Jahr für Jahr bin ich darüber hinweg gegangen, ohne von seinem Geheimnis zu wissen. Heute aber höre ich zum ersten Mal von den >Juwelen des Winters<. Gemeint sind die Schneeflocken. Ich sehe auf meinem Bildschirm mikroskopisch vergrößerte Abbildungen von diesen Wunderwerken der Natur. Keine ist wie die andere. Zwar scheint das Sechseck die Grundstruktur zu sein, aber es gibt unterschiedliche Ausprägungen. Man erkennt spitze Eisnadeln und fächerartige Gebilde, die plättchenförmig ineinander gefügt oder bizarr bis ins kleinste gegliedert sind.

Kleine Wunderwerke, die man mit bloßem Auge nicht erkennen kann. Aber sie sind da. Das Mikroskop zeigt ihre wunderschönen Gestalten. Und dann ist da noch die geheimnisvolle Geschichte von ihrem Weg von ganz oben bis zu uns hinab auf die Erde. Unzählig viele Wassermoleküle schweben unsichtbar als Gas durch hohe Luftschichten. Dort oben ist es eiskalt. Bei hohen Minusgraden bilden sich kleine Eiskristalle. Dazu muss aber ein Staubkorn vorhanden sein, um das sich die Wassermoleküle im Sechseck anlagern. Den Weg zur Erde zeigt die Schwerkraft. Im Tempo eines Fußgängers macht sich nun das Gebilde auf die Reise durch unterschiedliche Temperaturen und Feuchtigkeiten. Je nach Umgebung entstehen die phantastischen Formen. Mit einem ganz leisen Ton trifft endlich die Schneeflocke auf die Erde. Für unsere Ohren unhörbar, doch der Wissenschaft ist es wohl zu glauben, dass sie solche Phänomene wahrnehmen kann.

Nur eine Schneeflocke, könnte man sagen. Aber sie ist doch mehr, als ich mir je hätte ausdenken können. Wieder einmal kann ich nur staunen, was alles um mich herum geschieht. Wenn schon die unscheinbare Schneeflocke so viele Geheimnisse in sich birgt, um wie viel mehr steckt in den Dingen, die ich täglich in die Hand nehme und wieder achtlos zur Seite lege, ohne ihr Eigentliches zu erkennen. Eine alte Weisheit fällt mir ein, an die schon der Dichter Matthias Claudius in seinem Abendlied erinnert hat:

Seht ihr den Mond dort stehen,
er ist nur halb zu sehen,
und ist doch rund und schön.
So sind wohl manche Sachen,
die wir getrost belachen,
weil unsere Augen sie nicht sehn.

Heute freue ich mich darüber, dass mir an einer scheinbar unbedeutenden Sache die Augen geöffnet wurden. Ich durfte wieder einmal staunen, was es alles auf dieser Erde zu bewundern gibt. Und dann denke ich, wie viel Staunen werde ich erst erleben, wenn sich meinen Augen das auftut, von dem man sagt, dass es die Fülle alles Wunderbaren sei.

Schöpfer des Himmels und der Erde

Mein Glaube an Gott hat viele Facetten. Wenn ich den Begriff Glaube denke, dann steht das Wissen-wollen ganz vorne an. Was glaube ich? Was ist der Inhalt dessen, an das ich mich halten kann? Was von dem, was Religionen vermitteln, erscheint mir plausibel, für mich annehmbar? Mit diesem Ansatz durchfurche ich auch das Apostolische Glaubensbekenntnis. Fast an jeder Aussage bleibe ich hängen, suche nach Erklärungen, und Deutungen, will wissen, was andere darüber gedacht haben. Ich lese Bücher, höre Predigten und Vorträge. Das alles schon sehr lange Zeit.

Das ist meine übliche Form, mich dem Gottesgeheimnis zu nähern. Es ist jedoch nicht die einzige und schon gar nicht die mir liebste. Am liebsten möchte ich andere Wege der Erkenntnis Gottes gehen, und manchmal gelingt es mir auch. Dann bin ich für einen Augenblick glücklich, kindlich froh, dem Grübeln für eine gewisse Zeit entkommen zu sein. Beispielsweise wenn ich in große Musik hinein höre, in eine Sinfonie Beethovens oder Mozarts, oder eines der Brandenburgischen Konzerte von Bach. Worte tun sich schwerer als Töne und Klänge. Und kompositorische Meisterschaft lässt mich leichter erahnen, was der Weltenmeister Gott in unendlicher Größe und Schönheit verborgen hält. Manchmal tut sich mir aber auch noch ein weiterer

Weg auf. Es ist der Weg des Staunens über Gottes Schöpfung. Der Hilfsprediger dieses Themas ist mein Fernseher. Das so vielfach gescholtene Gerät der oberflächlichen Tagesgestaltung führt mich geradewegs in die Nähe Gottes. >Wie das?<, könnte man fragen. Ich antworte mit dem Hinweis auf die unglaublich schönen Sendungen über Gottes Schöpfung. Selbstverständlich haben die Filme andere Titel. >Planet Erde< beispielsweise oder >Leben im Regenwald<, vielleicht auch >Bilderbuch Deutschland<.

Großartige Bilder lassen mich staunen. Wie aus einer Raupe ein Schmetterling werden kann. Wie eine kleine Schwalbe von hier nach Afrika fliegt und wieder zurück findet. Unübersehbare Herden von Huftieren ziehen durch das Grasland, finden ihren Weideplatz und ihr lebensnotwendiges Futter. Tonnenschwere Wale durchpflügen die Meere, gleichzeitig wuselt es rundum von ungezählten kleineren Fischen in allen nur denkbaren Farben.

Dank meines Fernsehers und der Filmemacher darf ich tief hinein schauen in das Leben auf dieser Erde. Zwar nur durch ein kleines Fenster, aber schon das ist mehr, als ich begreifen kann. Was alles darüber hinaus mag es noch geben an Tieren, an Pflanzen, an Lebendigem? Unfassbar an Zahl und doch auch im einzelnen sich selbst wichtig und mit aller Kraft bemüht, sich das Leben zu erhalten. Eine fantastisch schöne Welt, voll von Leben, aber auch ständig bedroht, das eigene Leben zu verlieren. Im Wunderwerk der Schöpfung steckt nämlich das tragische Geheimnis, dass die Beziehungen des Lebendigen zueinander auch das Töten bedingen. Einander töten ist in vielen Fällen die Voraussetzung, um überhaupt eine Zeit lang am Leben zu bleiben. Der Tod gehört zum Leben, sagt man. Doch wenn ich das Prinzip des Lebens in dieser Schärfe wahrnehme, erschreckt es mich immer wieder. Ab und zu hilft es mir auch, mich mit meiner aktuellen Situation zu versöhnen. In meinem hohen Alter sehe ich mein persönliches Ende kommen. Der Blick in die Schöpfung stärkt meine Einsicht, das lebensnotwendige Vergehen und Sterben zu bejahen. Fakten erforschen ist das Eine, das Leben begreifen ist etwas anderes. Dazu gehört es, meinen Platz in der Welt zu akzeptieren. Alles was ist und geschieht, alle schönen und schrecklichen Facetten des Lebens sind nicht von mir gemacht. Daran habe ich mit meinem persönlichen Leben nur einen kleinen bewahrenden Anteil. Ich bin ins Leben hinein gewollt worden und will bereit sein, auch wieder heraus genommen zu werden. Den Verantwortlichen für dieses Tun will ich Gott nennen. Unvorstellbar größer muss er sein als seine für mich schon unbegreifliche Schöpfung.

Im Anfang war...

>Im Anfang war das Wort, und das Wort war bei Gott, und Gott war das Wort< so beginnt das Evangelium des Johannes. Der Evangelist will wohl sagen, dass alles Sein und Leben auf den anfanglosen, gottgleichen >Logos< also Christus zurückgeht.
Goethe muss das als schwierig empfunden haben. Er lässt den Doktor Faust sagen:

Geschrieben steht:
>Im Anfang war das Wort<
Hier stock' ich schon! Wer hilft mir weiter fort?
Ich kann das Wort so hoch
unmöglich schätzen,
ich muss es anders übersetzen.<

Das verwundert mich, denn wer anders steht dem Wort näher als Johann Wolfgang von Goethe? Das Wort war sein Medium und sein Werkzeug, mit dem er die Welt zu erklären versuchte. Ich kenne niemand, der das auf so geniale Weise getan hat. Ich habe alle Schriften von Goethe in meinem Bücherschrank, und ich stehe oft fassungslos vor diesem Werk. Wer anders als Goethe soll die Bedeutung des Wortes ermessen können? Und trotzdem will und kann er das Wort so hoch nicht schätzen. Goethe dichtet weiter:

>*Wenn ich vom Geiste recht erleuchtet bin,*
geschrieben steht: Im Anfang war der Sinn.
Bedenke wohl die erste Zeile,
dass deine Feder sich nicht übereile.
Ist es der Sinn, der alles wirkt und schafft?
Es sollte stehn: Im Anfang war die Kraft!
Doch, auch indem ich dieses niederschreibe,
schon warnt mich was,
dass ich dabei nicht bleibe.
Mir hilft der Geist! Auf einmal seh' ich Rat
und schreibe getrost: Im Anfang war die Tat.<

Gut, das passt! Denn auch die Bibel beginnt mit einer Tat: >Im Anfang schuf Gott Himmel und Erde<. Nicht nur im Wort, sondern auch in der Tat gestaltet sich das Leben Gottes, und soweit wir Menschen in Gott sind, auch unser eigenes Leben.

Klingt logisch und ist sicher auch stimmig. Doch es ist immer noch nicht alles, es fehlt mir noch etwas, nämlich das, was Wort und Tat in meinem Innersten ankommen lässt: Die Musik, der Klang, die Melodie.

Ich schreibe das hier auf, weil es vor allem die Musik ist, die mich Gott ahnen lässt. Ich kann das jedoch kaum erklären. Und es ist auch nicht so, dass ich besonders viel von Musik verstände. Es ist mehr ein Geheimnis, wie Klänge mein Herz berühren. Ich könnte auch Gemüt oder Innerstes dazu sagen.

Die schlichten Melodien des Gregorianischen Chorals finden ihren Weg genau so sicher wie der Töne-Sturm einer Sinfonie von Beethoven oder Mozart. Das geht ganz ohne Worte. Die Tonbilder erklären sich selbst. Ihr In-sich-sein gibt mir eine Ahnung des unabbildbaren Gottes. Wenn dann in den Werken der großen Meister noch die Worte dazu kommen, dann ist der Becher meines Gottesglaubens übervoll.

Während ich dieses schreibe, habe ich eine Eintrittskarte zum Bach'schen Weihnachtsoratorium auf meinem Schreibtisch liegen. In der Stuttgarter Liederhalle wird das Werk zu hören sein. Die berühmte Gechinger Kantorei wird singen unter der Leitung von Helmut Rilling. Unüberbietbare Qualität! Ein Geschenk – und Stunden, in denen ich mich der Nähe Gottes aus tiefstem Herzen freuen kann.

Gott und das Wesen der Dinge

Vor einiger Zeit habe ich im Radio einer Sendung zugehört, in der an den Schriftsteller Josef Pieper erinnert wurde. Es ging um sein schriftstellerisches Werk, das sich vornehmlich mit der Ethik des Thomas von Aquin befasst.

Mir ist dieser Thomas bis heute weitgehend fremd geblieben. Zwar kam der Name ab und zu vor, wenn ich in theologischen Schriften geblättert habe. Dass er ein Großer in der Kirchengeschichte gewesen ist, weiß ich auch. Aber viel mehr ist mir von ihm nicht bekannt.

Von Josef Pieper höre ich, dass er dem Thomas von Aquin sehr nahe gekommen ist.

Er soll lebenslang über ihn geforscht und geschrieben haben. Für seine Leser sogar sehr verständlich, wie ich höre. Für diese Verständlichkeit habe Josef Pieper sogar einen bedeutenden Literaturpreis erhalten.

Vielleicht habe ich deshalb auch noch ein Stück Text im Kopf, in dem Josef Pieper über die Gottesvorstellungen des Thomas spricht. Wenn ich es recht erinnere, hieß das Zitat: >Es ist ein hohes Maß an Gotteserkenntnis, wenn mir deutlich wird, dass Gott nicht zu denken oder zu beschreiben ist. Gott ist der Unbekannte und der ganz Andere.<

Das hat er trefflich gesagt, denke ich. Aber so ganz neu ist mir dieser Gedanke nicht, denn auch ich mache die Erfahrung, dass alles Sprechen über Gott in unbeholfenem Stottern endet. Eine alte jüdische Weisheit warnt nicht ohne Grund: >Du sollst dir kein Bild machen!< Im Zusammenhang mit der Theologie des Thomas von Aquin könnte daraus der Schluss gezogen werden, dass gleichsam der Gipfel theologischen Verstehens erreicht ist, wenn man Gott als den total Undeutbaren ansieht.

An dieser Stelle beschleicht mich nun doch ein eigenartiges Gefühl. Religionen in aller Welt und nicht zuletzt die Kirche des

Thomas, also so ziemlich alle Gottesgelehrten füllen Bücher um Bücher, um diesen Gott zu erklären und zu deuten. Entweder sind all diese Theologen noch nicht auf dem Stand der Weisheit des Thomas angekommen, oder aber man traut dieser Thomas-Erkenntnis nicht.

Da ist sie wieder, diese eigenartige Spannung im theologischen Denken und Sprechen, die schon Augustinus beschrieben haben soll: >Gott ist nicht zu sagen, aber wehe, wenn wir ihn nicht sagen!< So etwa habe ich das noch in Erinnerung. Auch Thomas von Aquin, so höre ich, hat eine Menge Bücher über Gott geschrieben. Allerdings weiß ich aus der Radiosendung von Josef Pieper, dass Thomas irgendwann später mit dem Schreiben aufgehört hat. Nicht der Tod habe ihm die Feder aus der Hand genommen, sondern er habe freiwillig aufgehört. Vielleicht, so denke ich, hat ihn seine eigene schlichte Erkenntnis eingeholt, nach der es nicht möglich ist, über Gott etwas Gültiges auszusagen. Trotzdem denke ich darüber nach, warum auch Josef Pieper bis zum Schluss weiter geschrieben hat, wo doch gerade er den Thomas so gut studiert hat. Möglicherweise war Josef Pieper der Ansicht: Wenn schon nichts Genaues über Gott gesagt werden kann, dann ist vielleicht doch auch ein stotterndes Fragen nach ihm von einigem Wert. Das würde mich an dieser Stelle auch in Bezug auf meine eigenen Bemühungen beruhigen.

In der Radiosendung mit Josef Pieper war im weiteren Verlauf auch noch vom Wesen der Dinge die Rede, ein Begriff, der wahrscheinlich ebenfalls auf Thomas von Aquin zurück geht. Das Wesen der Dinge, so wurde gesagt, habe Gott in die Schöpfung hinein gelegt. Demnach hätten alle Dinge ihr eigenes Wesen. Der Mensch könne sich dem Wesen der Dinge nähern, vielleicht sogar ihr Wesen ergründen und begreifen.

Josef Pieper sagte: >Das Wesen der Dinge kann vom Menschen erkannt werden. Es liegt bis in die letzten Gründe hinein durchlichtet offen. Allerdings liegt es beim Betrachter, wie weit ihm das Wesen der Dinge durchschaubar wird. Leider bleiben viele jedoch an irgendeiner Oberfläche hängen, ohne das wahre Wesen zu erfassen.<

Ich gebe zu, bis zu diesem Zeitpunkt hat mich die Rede vom Wesen der Dinge kaum angesprochen. Schon die Aussage, dass der Schöpfergott den Dingen ein Wesen beigegeben habe, schien mir zweifelhaft. Als frommes Glaubensbekenntnis vielleicht annehmbar, möglicherweise auch noch als philosophische Weisheit. Als Grundlage der Welterforschung hätte ich aber gerne etwas anderes gehört.

Überhaupt schien mir das Nachdenken über das Wesen der Dinge zunächst wenig nutzbringend zu sein. Wozu soll es gut sein, das Wesen der Dinge zu erfassen? Wer macht sich schon Gedanken über derlei abstrakte Themen?

Hellhörig wurde ich erst, als Josef Pieper mit seinen Beispielen kam. Zuerst brachte er den Vergleich mit den Sternen: >Oberflächlich gesehen leuchten die Sterne bei Nacht, tagsüber demnach nicht. Dass wir ihr Leuchten am Tag nicht sehen, liegt aber nur am Betrachter und dem Sonnenschein. Ihrem Wesen nach leuchten die Sterne jedoch Tag und Nacht.<

In einem weiteren Beispiel sprach Pieper über einen komplizierten Computer, von dem er selbst kaum etwas verstehe, der aber doch bis in die kleinste Einzelheit erklärbar sei, nur eben nicht von ihm. Also lege es auch hier wieder am Betrachter, ob das Wesen des Computers erkannt würde oder nicht.

Nicht einmal das Wesen einer Mücke sei den meisten Menschen bekannt, meinte Pieper. Sicherlich würde man staunen, wenn man ihr wahres Wesen erfassen könnte.

Das war der Moment, von dem an ich nun wirklich interessiert zugehört habe. Wie viele Mücken, Fliegen, und anderes Getier sind schon meiner Fliegenklatsche zum Opfer gefallen? Sicherlich würden manche von ihnen noch leben, hätte ich ihr wahres Wesen erkannt.

Es ist schon so: Alles was unerkannt und fremd bleibt, gerät in Gefahr, als nicht erhaltenswert angesehen zu werden. Es wäre wohl an der Zeit, mich dazu durchzuringen, dieses Pflänzchen der Einsicht auch bei mir zu einem Baum der Erkenntnis aufwachsen zu lassen. Nicht nur im Bereich von Mücken und Fliegen, sondern auch in anderen Bereichen des Lebens gerät vieles zu einer Routine, in der das Wesen der Dinge unbeachtet bleibt. Ein aufmerksames Hinschauen könnte auch bei mir dazu führen, insgesamt einen achtsameren Umgang mit der Schöpfung zu beginnen.

Heiliger Geist

In diesen Tagen habe ich mich auf einen Glaubenskurs vorbereitet, in dem unter anderem auch über den Heiligen Geist gesprochen werden soll. Ich denke mir, dass zunächst einmal ganz grundsätzlich der Begriff Geist einer klärenden Annäherung bedarf. Dazu habe ich im Lexikon eine doppelte Erklärung gefunden. Die erste lautet: >Geist ist die Bezeichnung für etwas Übersinnliches und daher Unfassbares.< Es folgt in Klammern der Begriff (Heiliger Geist). Eine zweite Definition ist angefügt. Da heißt es: >Geist ist das allgemein belebende, beseelende, übersinnliche Prinzip im Menschen und in allen Dingen.<

Diese beiden Erklärungsversuche gefallen mir gut. Das Wort >übersinnlich< ist in beiden Texten. Es geht also um etwas, das mit den Sinnen nicht erfasst werden kann. Im zweiten Text ist noch zusätzlich von einem Prinzip die Rede, das im Menschen und in allen Dingen sei.

Geist als ein Prinzip, also als Grundlage oder Grundsatz im Menschen. Demnach wird vorausgesetzt, dass der Geist im Menschen irgendwie vorhanden ist. Nun nehme ich nicht an, dass damit der Gedanke, das Denken oder die Gehirnfunktion gemeint ist. Es muss wohl etwas Eigenes sein. Vom Menschen sagt man ja auch, er bestehe aus Körper, Seele und Geist. Damit wird zwar die Sache nicht einfacher, aber der Geist wird hier besonders erfasst und neben dem Körper und der Seele eigenständig aufgeführt. Der Mensch hat einen Körper. Das ist offensichtlich. Ob er aber auch eine Seele und einen Geist hat, lässt sich mit den Sinnen nicht erfassen – so wird es gesagt. Doch wie anders soll zum Beispiel der Geist erfasst werden? Wo könnte das Wahrnehmungsorgan sein, das dem Geist auf die Spur käme? Ist es vielleicht nur der Geist, der den Geist erfassen kann? Ich drehe mich im Kreis. Vorerst komme ich nicht weiter.

Ein neuer Ansatz ist nötig. Ich blicke noch einmal auf die Lexikon-Aussage im zweiten Text. Demnach ist der Geist als übersinnliches Prinzip nicht nur im Menschen, sondern auch in allen Dingen.

Jetzt wird's wirklich spannend. Wenn ich schon Schwierigkeiten habe, den Geist im Menschen wahrzunehmen, wie viel schwieriger muss es sein, ihn auch noch in allen Dingen zu entdecken?

Noch einmal: Es geht um ein belebendes Prinzip, das sowohl im Menschen als auch in der so genannten Materie vorhanden sein soll. Belebendes Prinzip – so könnte man auch das Leben als solches benennen. Das, was den Menschen lebendig macht und lebendig erhält. Geist ist im Menschen, solange er lebt.

Aber was ist mit der sogenannten unbelebten Materie, mit den Steinen zum Beispiel oder mit Hammer und Meißel, mit dem Wasser oder der Luft? Wenn in all diesen Dingen Geist ist, also ein belebendes Prinzip, dann kann prinzipiell überhaupt nichts als unbelebt gelten.

An dieser Stelle muss ich mir wieder helfen lassen. Ich schaue in kluge Bücher und stoße auf Gottfried Wilhelm Leibniz. Dieser universale Gelehrte des Barock hatte seinerzeit die sogenannte Monadenlehre entwickelt. Was wir heute Atome nennen, das waren für ihn die Monaden. Diese in sich geschlossenen Kraftzentren waren seiner Meinung nach beseelte Einheiten, die in sich das ganze Weltall widerspiegeln.

Zwei wichtige Aussagen in einem Satz. Zunächst diese, dass sich in der kleinsten Einheit der gesamte Kosmos widerspiegelt.

Das würde wohl heißen: Alles hat mit allem zu tun. Eine Beeinträchtigung des einen hat Auswirkungen auf das Gesamte.

In der zweiten Aussage werden die kleinsten Einheiten als beseelt bezeichnet. Leibniz führt dann weiter aus, dass alle kleinsten Einheiten ein einheitliches Entwicklungssystem darstellen, in dem Geist und Stoff, Seele und Leib in Übereinstimmung zweckmäßig zusammen wirken. Mittelpunkt dieses harmonischen Geschehens sei Gott, die unendliche Ur-Monade, der Schöpfer der besten Welt.

Ich staune und bin mit Leibniz unvermutet schnell wieder an meinem Glaubenskurs angekommen. Leibniz schaut als Wissenschaftler mit den Augen des Glaubens auf die Welt. Er sieht den Schöpfer-Gott walten, der mit umfassender Vernunft die Materie beseelt.

Welt als das Zusammenspiel der von Gott beseelten kleinsten Einheiten. Einen Teil dieses Zusammenspiels kann ich mit meinen Sinnen erfassen. Beispielsweise, wenn sich die kleinsten Einheiten zu Stein, Hammer und Meißel gefügt haben. Meine überschaubare Welt, die allerdings längst noch nicht alles ist. Schon ein Hund hört Laute, die meinen Ohren verborgen bleiben. Wissenschaftler sehen mit ihren Geräten Dinge und Zusammenhänge, die weit über meine Alltagserfahrungen hinaus gehen. Vieles davon muss ich für wahr und gegeben halten, obwohl die mir zur Verfügung stehenden Sinne anderes wahrnehmen.

Mein Glaubenskurs wird also nur ganz kleine Schritte der Erkenntnis tun können. Ich denke, dass ich mich an Leibniz halte und den Geist in der gesamten Schöpfung angelegt sehen lernen will, im Kleinsten und damit auch im Kosmos. Angelegt von einer umfassenden Vernunft, also von Gott, somit auch Heiliger Geist, von Gott ausgehend und die Schöpfung belebend. Es gibt kein Leben ohne Geist, ohne Heiligen Geist. Für einen gläubigen Menschen hat das eine schlichte Logik.

Was alles sonst noch durch die Welt geistert, ist damit noch nicht angesprochen. Ich vermute, dass auch im Glaubenskurs noch die vielen Geister zur Sprache kommen, die das Wirken des Heiligen Geistes verdunkeln, zumindest zeitweise nicht sichtbar werden lassen. Zerstörerische Gewalten wie Habgier und Neid, Mordlust und Herrschsucht fallen mir da ein.

Vielleicht ist das aber nur ein Sprach-
problem. Ob solches Tun vom Geist im bisher gedachten Sinn bewirkt ist, darüber
muss ich weiter nachdenken. Böser Geist
contra Heiliger Geist wäre dann ein weiteres
Thema.

Glaube und Wissenschaft –
zwei Geschwister

Ein interessanter Vergleich – in einer Radiosendung war davon die Rede. Mich hat das
angesprochen. Zwei Menschen, eng verwandt
und doch meistens auf sehr verschiedenen
Wegen unterwegs. So wie mein Bruder und
ich. Er der Nachgeborene, vierzehn Jahre
nach mir kam er in unsere Familie. Da war
ich schon längst dabei einen Beruf zu
erlernen. Ich mit meinen Kindheitserfah-
rungen von Bombenkrieg und spärlichen
Mahlzeiten. Er hineingeboren in die Zeiten
des Wiederaufbaus und des Wirtschafts-
wunders.
Zwei sehr verschiedene Anfänge. Vielleicht
auch deshalb zwei unterschiedliche Lebens-

wege. Offene und verdeckte Rivalität, Kampf um Anerkennung, aber auch tastendes Suchen nach dem jeweils Anderen.

Bis hierhin passt der Geschwister-Vergleich zu Gottesglaube und Wissenschaft. Glaube als der ältere Bruder aus grauer Vorzeit. Wissenschaft aus viel jüngerer Zeit, eng verbunden mit einer modernen Gesellschaft. Wen wundert's, dass beide aneinander geraten bei so unterschiedlichen Ausgangspositionen und so weit auseinander liegenden Weltbildern: Himmel und Erde – ein größerer Abstand ist kaum zu denken.

Was geht's mich an, denke ich, lass sie streiten. Jeder mag auf seine Art zu Erkenntnissen kommen, oder auch nicht. Von Faust bis Einstein zieht sich das Bekenntnis durch die Geschichte, eigentlich nichts wissen zu können. Und doch, ich spüre in mir den Wunsch nach Wissen. Gleichzeitig nähre ich die Hoffnung, dieses dann auch mit meinem Glauben in Übereinstimmung bringen zu können.

Immer wieder spüre ich diese innere Spannung. Ich leide darunter, wenn renommierte Naturwissenschaftler bei ihrer Welterklärung anscheinend ganz ohne Gott auskommen. Ähnlich weh tut es mir aber auch, wenn ich

höre, wie gottesgelehrte Menschen nachge-
wiesene Naturgesetze und Ereignisse vom
Werden und Vergehen des Lebens schlicht
leugnen, nur weil sie mit Texten der Bibel
nicht übereinstimmen.

Heute höre ich nun im Radio, wie der
gläubige Naturwissenschaftler Max Planck
diesen Konflikt angegangen ist. Ich staune
über seinen Vorschlag, den er angeblich
schon im Jahre 1937 in einem Vortrag
gemacht hat.

Auch er sieht bildhaft Glaube und Naturwissenschaft in einem Kampf. Max Planck
schlägt allerdings vor, diesen Kampf gemeinsam zu führen und zwar von beiden Seiten
her >hin zu Gott<. Dabei soll der Unterschied
von Religion und Naturwissenschaft unbedingt akzeptiert werden. Beide haben eigene
Wege und beide haben eigene Aufgaben.

Auch mir leuchtet ein: Naturwissenschaft
versucht die Gesetze der Natur zu erkennen.
Welche Ergebnisse dabei heraus kommen,
darüber kann ich nur staunen. Manchmal
fürchte ich mich auch vor den Ergebnissen
wissenschaftlichen Forschens, wenn ich
sehe, wie viele Möglichkeiten des Zerstörens
damit verbunden sein können. Trotzdem ist
davon auszugehen, dass die Wissenschaft

immer weiter forschen wird. Obwohl die restlose Erfassung der realen Welt wohl nie erreicht werden kann, wird sie weiter versuchen, sich diesem Ziel zu nähern.

Wenn ich den Wissenschaftler Max Planck richtig verstanden habe, dann sieht er als letztes Ziel auch der Wissenschaft den nicht erfassbaren Gott. Er spricht aus wissenschaftlicher Sicht von einem bewussten intelligenten Geist als Urgrund aller Materie. Und er verweist auf die historische Tatsache, dass gerade die größten Naturforscher wie Kepler, Newton, Leibniz von tiefer Religiosität durchdrungen waren.

Max Planck macht mich neugierig, und ich besorge mir weitere Aussagen von ihm über dieses Thema. Zur Frage, ob Gott nicht doch eher ein Produkt unserer Gedanken ist, schreibt er: >Es kann kein Zweifel darüber bestehen, dass unsere Gedanken uns ohne weiteres über jedes uns bekannte Naturgesetz hinausführen können und dass wir Zusammenhänge auszumalen vermögen, die mit eigentlicher Physik überhaupt nichts mehr zu tun haben. Wer da behauptet, dass der ideale Geist nur in menschlichen Gedanken existieren könnte und mit dem Denkenden zugleich aus dem Leben verschwinden würde, der müsste konsequenterweise auch behaupten, dass die Sonne, wie überhaupt die ganze uns umgebende Außenwelt, nur in unseren Sinnen, als der einzigen Quelle unserer wissenschaftlichen Erkenntnis, existieren kann, während doch jeder vernünftige Mensch davon überzeugt ist, dass die Sonne selbst beim Aussterben des ganzen Menschengeschlechtes nicht im mindesten dadurch an Leuchtkraft einbüßen würde.

Wir glauben an die Existenz der realen Außenwelt, obwohl sie sich einer jeden direkten Erforschung entzieht. Ganz ebenso hindert nichts, an die Existenz eines idealen Geistes zu glauben, obwohl er sich niemals zum Gegenstand einer wissenschaftlichen Untersuchung machen lassen wird.<

Ein wunderbares Glaubenszeugnis, wie ich finde, aus wissenschaftlicher Sicht.

>Wissenschaft braucht der Mensch zum Erkennen< schreibt Max Planck, >die Religion braucht er zum Handeln.< Und er fährt fort: >Es ist der stetig fortgesetzte, nie erlahmende Kampf gegen Skeptizismus und Dogmatismus, gegen Unglaube und Aberglaube, den Religion und Naturwissenschaft gemeinsam führen. Und das richtungwei-

sende Losungswort in diesem Kampf lautet von jeher und in alle Zukunft: Hin zu Gott!<

Von der Liebe – und vom lieben Gott

Schon im allgemeinen Sprachgebrauch ist die Rede vom >lieben Gott<. Ach du lieber Gott! Lieber Gott, hilf mir! Der liebe Gott als Anrede in vielen kleinen und großen Bittgebeten.

Diese Anrede ist wohl nicht ganz ernst gemeint. Sie wird so daher gesagt, denn beispielsweise interessiert es mich nicht wirklich, wie lieb mein ehemaliger Chef ist, wenn ich ihn mit >Lieber Herr Bischof> anschreibe.

Doch so schnell ist die Sache mit dem lieben Gott nicht abgehandelt. Mir ist es schon um einiges wichtiger, ob Gott lieb ist oder nicht. Ich habe ja ständig mit ihm zu tun, existentiell sogar, denn mein Leben ist bildhaft gesprochen in seiner Hand.

Bildhaft gesprochen – das ist es, was mir immer wieder zu denken gibt. Die wichtigen Dinge im Leben können wohl nur in Bildern verständlich gemacht werden. Es gibt zwar für alles Worte, aber sie treffen oft nicht das, was gemeint ist. Die Worte >lieb sein< und >Liebe< gehören für mich in diesen Bereich, und zwar in vielfacher Hinsicht.

Liebe zum Beispiel, ein Wort mit ungezählten Deutungsmöglichkeiten. Liebe als Gefühl, als Wunsch nach Zärtlichkeit und Nähe mit einem anderen Menschen, empfunden von Eltern zu ihren Kindern, von Kindern zu den Eltern, vom verliebten jungen Mann zu seiner Angebeteten. Heiße Sehnsucht in großer Lust, gelebt von den Liebespaaren in aller Welt. Große Romanzen der Literatur erzählen davon, jeden Tag Thema in den Programmen der Fernsehsender, mal tränennass ergreifend, mal lächerlich bis zum Kitsch entstellt. Menschen verzehren sich in Liebesschwüren, wollen sich gar umbringen aus Liebe, sich selbst oder auch jeden anderen, der sich ihnen in den Weg stellt, rasend vor Liebe, einander zu besitzen. Oft stellt sich kurze Zeit später die Ernüchterung ein. Anscheinend hatte man sich getäuscht. Der geliebte Mitmensch war nicht so, wie das Auge der Liebe ihn hat sehen lassen. Irgendwie sind auch die betörend lustvollen Gefühle abhanden gekommen.

Liebe, wohin bist du entschwunden? Liebe als Gefühl – wunderbar im Augenblick des Erlebens, enttäuschend wenn alles zu Ende ist. Gefühle kommen und gehen. Das ist die Erfahrung, die wir mit dieser Art Liebe machen. Wir haben wenig Einfluss, das zu ändern. Vielleicht trauern wir den entschwindenden Gefühlen hinterher. Wir konnten sie nicht festhalten. Wenn wir an dauerhafte Liebesgefühle geglaubt haben, sie gar einander versprochen haben, müssen wir wohl unseren Irrtum eingestehen. Gefühle kommen und gehen - sie einander zu versprechen, wäre leichtsinnig.

Andererseits, die Facetten der Liebe sind vielfältig. Liebe ist nämlich nicht nur als Gefühl vorstellbar. Liebe kann sich auch als ein Akt des Wollens und Entscheidens zwischen den Menschen zeigen. Sogar als eine Kunst, wie es der Philosoph Erich Fromm in seinem Buch >Die Kunst des Liebens< zu beschreiben versucht. Die Liebe gestalten wie eine Kunst, beispielsweise wie die Musik. Die Theorie verstehen wollen und die Praxis einüben. Der Inhalt des Geschehens, ob Musik ob Liebe müsste große Aufmerksamkeit beanspruchen und auch Entscheidungen herbeiführen. Nichts dürfte mir wichtiger sein als der geliebte Mensch. Nicht um ihn zu besitzen, eher um ihm beizustehen, damit er zu dem werden kann, was in ihm steckt.

Man darf wohl fragen, ob Menschen in ihrer Liebe auf Dauer so viel Selbstlosigkeit aufbringen können?

Auch die Wissenschaft forscht nach dem Verbleib der Liebe. In unserer Zeit sprechen besonders die Neurologen und Psychotherapeuten zu diesem Thema. Was ich davon verstehe, ist wenig. Zu kompliziert erscheinen mir die Vorgänge, die sich in puncto Liebe im Gehirn abspielen sollen. So viel scheint allerdings klar zu sein: Ein lokalisierbarer Ort im Gehirn gibt es nicht, der für die Liebe zuständig wäre. Vieles spielt zusammen und lässt das entstehen, was Menschen Liebe nennen. Ähnlich dem Entstehen des Ich-Gefühls. Konkret nicht auffindbar, nur im Zusammenwirken von ungezählten Gehirnzellen sich gestaltend.

Selbstverständlich spricht auch die Religion von der Liebe. Gottes- und Nächstenliebe sind die Stichworte. Es heißt sogar: Gott ist die Liebe. Ich frage mich, ob damit etwas Gültiges ausgesagt ist. Ist Gott gut beschrieben wenn ich sage: >Er ist die Liebe?<

Wahrscheinlich, so fürchte ich, ist auch damit nur eine kleine Annäherung geschehen. Denn alles, was über die Liebe gesagt werden kann, entsteht aus unseren irdisch-menschlichen Möglichkeiten. Egal, wie viele Aspekte und Facetten menschlich gedachter Liebe zusammen getragen werden, ein Gott oder gar >der< Gott ist damit nicht darstellbar. Vom Material noch so gescheiter Gedanken kann Gott nicht gemacht sein. Er wäre dann ein irdisch-menschliches Geschöpf, also niemals Gott.

Stopp! Ich trete noch einmal einen Schritt zurück. Heißt es nicht auch, dass Gott Mensch geworden sei? In Jesus den Menschen gleich geworden außer der Sünde. Nun, das gäbe der Sache noch einmal eine andere Wendung. So gesehen würde Gott sich im Lieben und in der Liebe auf eine menschliche Ebene stellen, uns gleich sein, auch in der Liebe. Verletzbar, möglicherweise auch scheitern. Ein liebender Gott, so wie ein liebender Mensch. Deshalb auch in vielen Situationen total unbegreiflich in seinem Handeln. Beispielsweise in der Art und Weise, wie er seine Schöpfung liebt. Ich gehe davon aus, dass er seinen Willen in die Evolution gelegt hat. Wenn das so ist, dann gestaltet sich Gottes Liebe zu seiner Schöpfung in der Weise, dass sich sowohl im Leben der Kleinstlebewesen als auch im Bereich größerer Geschöpfe eines vom anderen lebt. Man tötet einander um zu überleben.

Ich muss zugeben, dass ich den liebenden Gott in seiner Art zu lieben oft nicht verstehe. Und da bin ich ganz sicher auch nicht der Einzige, dem das so geht.

Ich erinnere mich: In meiner Jugendzeit gab es einen bekannten Nachkriegsautor namens Wolfgang Borchert. Auch der hat damals den lieben Gott nicht verstehen können. In seinem Theaterstück >Draußen vor der Tür< begegnet der Kriegsheimkehrer Beckmann dem lieben Gott, und er fragt ihn, warum und wieso er der liebe Gott genannt würde. Der antwortet ihm: >Lieb, so haben mich die Menschen genannt<. >Das sind wohl die Zufriedenen, die Satten, die Glücklichen, die dich so genannt haben<, meint Beckmann. >Sicher auch die, die vor dir Angst haben.< Beckmann fragt dann weiter: >Wann bist du eigentlich lieb, lieber Gott? Warst du eigentlich lieb, als du meinen Jungen, der gerade ein Jahr alt war, als du meinen kleinen Jungen von einer brüllenden Bombe zerreißen ließt? Warst du da lieb?>

>Ich war das nicht, ich hab ihn nicht ermorden lassen< antwortet Gott. >Nein richtig< sagt Beckmann. >Du hast es nur zugelassen. Du hast nicht hingehört, als er schrie und als die Bomben brüllten. Oder warst du lieb, als von meinem Stoßtrupp elf Mann fehlten? Die elf Mann haben gewiss laut geschrieen in dem einsamen Wald, aber du warst nicht da, einfach nicht da. Warst du in Stalingrad lieb, lieber Gott, warst du da lieb, wie? Wann warst du eigentlich lieb, lieber Gott, wann? Wann hast du dich jemals um uns gekümmert?<

Der aus dem Zweiten Weltkrieg heimgekehrte Beckmann stellt diese Fragen an Gott auf dem Hintergrund seiner Erfahrung. Ähnliche Fragen sind auch heute noch zu hören: >Ist Gott wirklich ein liebender Gott? Und was ist das für eine Liebe, wenn millionenfach unschuldiges Leben zerstört wird? Antworten auf diese Fragen sind schwer zu finden. Gott ist wohl doch der ganz Andere. Seine Liebe bleibt uns Menschen ein Geheimnis.

Eine Bitte habe ich aber doch noch an den lieben Gott: Er möge mir etwas mehr Einsicht geben in dieser Sache. Dass er die Liebe ist, glaube ich nach all dem nicht mehr. Das wäre auch etwas zu gering von

Gott gedacht. Gott, das muss mehr sein als das, was Menschen sich unter Liebe vorstellen können, viel mehr – nicht wahr, lieber Gott?

Wenn die Erde bebt

Es geschah im Jahre 2010. Gleich zu Beginn dieses Jahres ereignete sich im Lande Haiti ein Erdbeben, das auf der Richterskala die Nummer 7 erhielt. Die Skala geht bis 10, es ist also ein besonders schweres Erdbeben. Radio und Fernsehen berichten täglich davon. Besonders die Hauptstadt Port-au-Prince ist schwer getroffen. Viele Gebäude im Innenbereich der Stadt sind zerstört. Auch der Präsidentenpalast und die Kathedrale sind im Fernsehen nur noch als Ruinen erkennbar.
Die Menschen laufen ziellos durch die Trümmer. Viele sind verletzt, aber es gibt keine organisierte medizinische Hilfe, denn auch die wenigen Krankenhäuser sind eingestürzt. Einige Ärzte sieht man unter freiem Himmel praktizieren. Es gibt viele Tote.

Jeden Tag werden höhere Zahlen genannt, heute spricht man von etwa 200.000.

Das Elend ist unbeschreiblich. Gestern hieß es, man habe einige hundert Schwerverletzte vor einem ehemaligen Krankenhaus niedergelegt, wohl in der Hoffnung, dass sich dort jemand um sie kümmern könnte. Es sei aber niemand gekommen und so seien sie alle verstorben.

Verwesungsgeruch steht über der Stadt. Massengräber werden ausgehoben. Auf großen Schaufelbaggern werden die Toten zusammen gekarrt, wenn es nicht anders geht, auch auf Müllhalden verbrannt - namenlos. Trotzdem liegen die Straßen noch voll mit Leichen.

Heute nach knapp einer Woche scheinen die international organisierten Hilfen zu greifen. Flugzeuge landen auf dem inzwischen notdürftig reparierten Flughafen der Hauptstadt. Viele Hilfsorganisationen können jedoch nur von der Landseite aus der Dominikanischen Republik einreisen. Sie kommen nur mühsam vorwärts, weil die gesamte Infrastruktur von Haiti zerstört ist.

Täglich gibt es in den Medien Sondersendungen, die das Ausmaß dieses Erdbebens zu schildern versuchen, begleitet von Aufrufen zur Mithilfe der Weltbevölkerung und Bitten um Geldspenden. Die Konten der Hilfsorganisationen sind auf den Bildschirmen angegeben.

Auch die etablierten Talkshows haben das Thema Erdbeben in ihren Gesprächsrunden. Politiker und gesellschaftsbekannte Persönlichkeiten sprechen von ihrer Betroffenheit und stellen das Ereignis in geschichtliche Zusammenhänge. Da dürfen auch die Vertreter der Kirchen nicht fehlen.

Am Sonntagvormittag um 11.00 Uhr war im Bayerischen Frühschoppen der Erzbischof von München-Freising zu sehen. Er kam darauf zu sprechen, dass wohl einige Gläubige seiner Diözese diese Erdbebenkatastrophe als Strafgericht Gottes empfunden hätten. Das musste der Erzbischof selbstverständlich zurückweisen. Die Vorstellung, dass Gott die Menschen in dieser Weise strafen würde, könne er sich nicht vorstellen. Gott sei die Liebe. Einem liebenden Gott würde so etwas nicht einfallen. Allerdings habe auch er keine Erklärung dafür, warum Gott ein solches Erdbeben zuließe. Wenn Gott die Erde und Menschen in liebevoller Zuwendung im Blick hat, sei es unverständlich, dass so etwas geschieht. Deshalb könne man als Christ nur sagen: Gottes Gedanken sind nicht unsere Gedanken, und Gottes Wege nicht die unsrigen.

Bei dem leidvoll-tragischen Geschehen in Haiti ist mir auch das große Erdbeben von Lissabon eingefallen. Als im Jahre 1755 diese schöne Stadt ebenfalls einem Erdbeben zum Opfer fiel, sind viele an ihrem Glauben verzweifelt. Und auch damals haben gläubige und ungläubige Menschen keine Erklärung dafür gefunden, warum Gott so etwas zulassen kann.

Es ist die alte Frage: Woher kommt das Leid in der Welt? Natürlich wird es oft von Menschen verursacht. Aber für ein Erdbeben kann man die Menschen kaum verantwortlich machen. Das ist in der Struktur der Erdschichten begründet. Allerdings könnte man sagen, dass der Mensch in Erkenntnis dieser Zusammenhänge nicht dort wohnen sollte, wo Erdbeben zu erwarten sind. Ob das jedoch durchsetzbar wäre, ist fraglich.

Meine Gedanken schweifen noch einmal ab. Es gibt nämlich die Information, dass in der Stadt Port-au-Prince die armen Leute weitgehend vom Erdbeben verschont wurden. Ihre Bretterhütten an den Außenbezirken der Stadt seien zwar eingestürzt, hätten aber

wegen ihrer Bauweise kaum jemand ernst-
haft verletzt. Es seien demnach vor allem die
wohlhabenden und reichen Leute gewesen,
die in ihren Steinhäusern zu Tode kamen.
Eine weitere Versuchung, an ein Gottesurteil
zu denken?

Ich möchte das nicht tun. Eher schon will
ich dem Erzbischof von München-Freising
zustimmen, der unerklärbares Leid auch
unerklärbar bleiben lässt. Wenn wir schon
Gottes Wirken in der Welt nicht verstehen,
dann möchte ich mich auch nicht in seine
Entscheidungen einmischen. Gott ist Gott.
Was er tut oder unterlässt, ist nicht meine
Sache. Lieber möchte ich darauf schauen,
was Menschensache ist, und da wäre im
Blick auf Haiti so manches neu zu denken.
Im Zusammenhang mit dem Erdbeben wird
nämlich auch von der unendlich traurigen
Geschichte dieses Landes berichtet. Schon
immer habe man dort mehr Elend als Wohl-
stand erlebt. Vor mehr als zweihundert
Jahren seien die Einwohner als Sklaven von
Afrika eingeschleppt worden. Kaum jemals
habe es einen funktionierenden Staat auf
Haiti gegeben. Trotz mancherlei Außenhilfe
sei das Land nicht aus Armut und Krimi-
nalität heraus gekommen – bis heute nicht.

Wie wäre es also, wenn wir die Geschichte von Haiti ganz neu schreiben würden? So wie die Christenheit ihre Geschichtsschreibung mit >vor und nach Christus< sortiert hat, so könnten wir Haiti mit >vor und nach dem Erdbeben< in unsere globalisierte Welt eintragen.

Es ist zwar schade und auch schlimm, dass die Menschheit anscheinend nur bei gravierenden Einschnitten bereit ist, etwas zu lernen. Aber wenn wir nun schon mal dabei sind, könnte das Erdbeben von Haiti die Zäsur zu einem neuen Anfang werden. Es müsste uns dazu bewegen, in diesem geschundenen Land gemeinsam Verantwortung zu übernehmen. Globalisiert wie wir sind, sollte es uns gelingen, damit auch ein Stück Schuld abzutragen für das, was in kolonialen Zeiten am schwarzen Mitmenschen gesündigt wurde.

Die Schrecken des Erdbebens sind und bleiben unfassbar. Doch wenn wir es wirklich wollten, könnten wir mit globalisiertem Mut und Gottes Hilfe im Lande Haiti einen neuen mitmenschlichen Anfang wagen.

VIERTER TEIL

Spuren die hinaus führen

Wenn es an's Sterben geht

In meinem Alter ist der Gedanke an's Sterben naheliegend, denn das Ereignis kann
nicht mehr allzu weit weg sein. Doch auch
schon in meinen jüngeren Jahren habe ich
mich manchmal gefragt: >Wie wird es sein,
wenn klar ist, dass ich jetzt mit dem Leben
aufhören muss?< Dieses >jetzt<, darauf
kommt's an.

Irgendwann muss jeder sterben, das weiß
man. Das kann ich mir sagen, ohne mich
groß zu beunruhigen. Aber wenn es wirklich
unaufschiebbar klar ist, dass die Stunde
gekommen ist, wie wird es dann sein? Wie
werde ich mich fühlen? Wie viel Angst werde
ich dann haben? Oder wie tapfer, vielleicht
sogar gelassen werde ich vom Sein zum
Nicht-mehr-sein hinüber gehen?

>Sich darüber Gedanken zu machen, ist
müßig<, sagte mir ein Freund. >Den Tod
wirst du nicht erleben.< Stimmt! Aber auch
das ist nur ein pfiffiger Spruch. Ähnlich wie
die gängige Redeweise: >Der Tod gehört zum
Leben<. All das trifft es nicht, was mich bewegt, wenn ich an das Ende meines Lebens
denke. Aber was ist es denn? Wenn ich
jetzt aufschreibe, muss ich an sehr vieles

denken. Ganz vorne an sehe ich mich hilflos und in Schmerzen. Der Weg zurück in's Leben ist nicht mehr möglich. Die Krankheit ist unheilbar. Alle Lebenskraft ist aufgebraucht. Nur noch Schmerzen. Ich möchte, dass sie aufhören. Doch wenn sie aufhören, hört auch mein Leben auf. Ich wünsche mir den Tod.

So etwa könnte es sein, wenn ich bis zum Schluss bei Verstand bleibe. Wie aber, wenn das Denken schon längst vor der letzten Stunde aufgehört hat? Wenn sich mein Wissen von mir selbst verdunkelt hat: Alzheimer und Demenz sind die Schreckensworte, die diesen Zustand erahnen lassen. Diese Variante vom möglichen Ende meines Lebens erscheint mir noch schlimmer als die zuerst gedachte. Denn in diesem Fall kann ich mir noch nicht einmal mehr wünschen, dass es zu Ende gehen möge.

Ich weiß, diese Gedanken denke ich nicht alleine. Gerade in letzter Zeit ist eine politische Entscheidung gefallen, wie man rechtzeitig und verbindlich den eigenen Willen für diese letzten Stunden bekunden kann. Man kann zum Beispiel lebensverlängernde Maßnahmen ablehnen zu einer Zeit, in der man noch klar bei Verstand ist. Diese schriftlich niedergelegte Willenserklärung muss dann auch von medizinischer Seite respektiert werden.

Leider ist damit noch nicht alles geregelt. Der Wunsch nach dem eigenen Tod zu einem von mir bestimmten Zeitpunkt kann zur Zeit nicht erfüllt werden. Niemand darf mir aktiv helfen zu sterben, wann ich es will. Aktive Sterbehilfe ist in Deutschland strafbar. Ein Arzt würde seine Zulassung verlieren.

Das hat sicher gute Gründe. Missbrauch wäre möglich. Angehörige könnten Ärzte unter Druck setzen, möglicherweise auch aus wirtschaftlichen Motiven. Auch der Kranke selbst könnte sich bemüßigt fühlen, den Seinen nicht mehr zur Last zu fallen. Vieles wäre denkbar. Damit bleibt das Sterben auf Verlangen verboten.

Diese Gesetzgebung wird auch von der Katholischen Kirche vertreten. Die Begründungen gehen hier noch weiter. Es geht um Gott, den Schöpfer und Begründer allen Lebens. Die Kirche meint, dass ich mein Leben bildhaft gesagt aus Gottes Hand empfangen habe, als göttliches Geschenk, und nur Gott könne mir dieses Leben wieder zurück nehmen. Für einen gläubigen Menschen mag das plausibel klingen. Umso erstaunter war ich, als ich dieser Tage im Fernsehen von Hans Küng ganz andere Töne gehört habe. Dieser weltbekannte katholische Theologe ist nämlich anderer Ansicht. Nach seiner Meinung hat Gott dem Menschen mit seinem Leben auch die Verantwortung für dieses Leben übertragen.

In Selbstverantwortung und Verantwortung vor Gott muss der Mensch sein Leben gestalten. Er muss für alles gerade stehen, was er tut oder auch nicht tut. Er muss seine Entscheidungen an seinem Gewissen orientieren. Gott nimmt ihm diese Entscheidungen nicht ab. Gott denkt so groß vom Menschen, dass er ihm sein gesamtes Leben überlassen kann, auch die Entscheidung, in welcher Weise und wie lange der Mensch leben will. Ich finde diese Aussage von Professor Küng sehr bedenkenswert. Es gibt zwar das göttliche Gebot: >Du sollst nicht töten!< Doch auch dafür haben die Menschen aller Zeiten ethisch verantwortete Ausnahmen gefunden. Warum also nicht auch die vor dem Gewissen verantwortete Zielsetzung für mein eigenes Leben?

Trotzdem bleiben noch einige Schwierigkeiten, zum Beispiel die Frage, in welcher Weise es geschehen soll, wenn ich durch meine eigene Entscheidung aus dieser Welt hinaus trete. Diesem Gedanken setze ich eine Bemerkung voran, die in meinem Leben oft zu hören war: >Alles Leben kommt aus dem Meer.< Wenn das so ist, so frage ich weiter, warum sollte das Leben nicht auch wieder ins Meer zurück gehen?

Das Meer ist mir ein angenehmer Ort. In vielen Sommerurlauben habe ich an seinen Küsten gebadet, bin auch kleine Strecken hinaus geschwommen, nicht weit, nur so viel, wie der gesicherte Rückweg es zuließ. Schwimmen ist mir eine Freude. Ich bin froh, dass ich es schon früh gelernt habe. Mich vom Wasser umfangen lassen, spüren dass es mich trägt, wenn ich Vertrauen zu ihm habe, das alles kann ich genießen. Vielleicht spielen dabei sogar vorgeburtliche Erfahrungen eine Rolle, kommt mir in den Sinn, der im Mutterleib schwimmende Fötus, rundum von Fruchtwasser umgeben.

Schwimmend finde ich zurück zur Anfangssituation meines Lebens. Es ist gleichsam ein Zurückerinnern an die Zeit, als die eigene Existenz noch aufgehoben und beschützt war, glücklich und angenommen, ohne sich durch Gedanken und Worte dessen bewusst zu sein.

Aus dieser Überlegung heraus scheint mir der Schritt in die >unendliche Aufgehobenheit< nicht mehr weit zu sein. Das Hinübergleiten in die nachzeitliche Existenz durch ein Medium, das schon von vorgeburtlicher Zeit mir die Erfahrung des Getragenseins vermitteln konnte.

Wenn ich mir also einen von mir entschiedenen Lebensabschied wünschen dürfte, dann stelle ich mir das so vor: Gegen Abend die Küste verlassen und Zug um Zug ins Meer hinein schwimmen, mich vom Wasser umschmeichelt und getragen fühlen, dann wohlige Müdigkeit aufkommen lassen, ähnlich wie vor dem abendlichen Einschlafen, noch ein Blick in die untergehende Sonne, und dann loslassen. Endlich loslassen und eintauchen ins Meer, aus dem letztendlich auch mein Leben seinen Anfang nahm. Anfang und Ende vereinigt, hineingenommen in den Kreislauf des Lebens.

Es mag sein, dass ein solches Szenario als unzulässig erachtet wird. Aber was ist nicht alles unzulässig, was Menschen sich selbst und anderen antun. Mir scheint es ein würdiger Abgang zu sein von dieser Erde, auch menschengemäßer als vieles, was sich in manchen Intensivstationen und Pflege-

heimen abspielt. Und auch für die Hinter-
bliebenen gar nicht >so uncool<. Ab und zu
eine Gartenblüte in den heimatlichen Bach
bringen. Alles Wasser fließt zum Meer. Der
Gruß könnte ankommen. Ich spüre schon
jetzt, wie unmittelbar er mich erreichen wird.

Ein würdiger Ort des Erinnerns

Mein Wunsch, schwimmend freiwillig im
Meer zu sterben, hat in meinem Freundes-
kreis viel Unverständnis hervorgerufen. Auch
meine Partnerin mag sich das nicht vorstellen, zumal es dann keinen würdigen Ort
des Erinnerns gäbe. Außerdem sollte ich
bitte noch einmal überlegen, wann dieser
Einstieg ins Meer erfolgen sollte. Bisher sind
wir nur im Urlaub am Meer gewesen. Eine
Urlaubsfahrt mit Todesfolge sei doch allzu
makaber.
Ich gebe zu, mein romantisches Traumbild
vom endgültigen Eintauchen ins Meer hatte
sich im Ansturm der Gegenargumente bald
verflüchtigt. Allerdings konnte meine phan-
tastische Geschichte uns dazu anregen,

etwas realistischer über den Ort unserer künftigen Bestattung zu sprechen. Unsere Freunde, so stellte sich heraus, hatten ihre Entscheidung schon getroffen. Der vor einiger Zeit in der Nähe unseres Wohnortes eingerichtete Friedwald sollte der Ort sein, an dem sie ihre letzte Ruhe finden wollen.

Es gibt gute Gründe für diese Form der Beerdigung. Nicht zuletzt Kostengründe und die Tatsache, dass allein lebende Menschen ihre spätere Grabpflege nur schwer regeln können. Natürlich spricht auch manches dagegen. Ein Baum unter vielen anderen Bäumen im Wald, zu anonym, um sich an einen lieben Menschen zu erinnern. Allzu schnell sei die Urne im Waldboden verrottet. Wer sucht schon nach einem Baum, wenn er an einen lieben Menschen denken will.

Nach gründlichem Nachdenken habe aber auch ich mich für ein Urnengrab entschieden, allerdings nicht im Friedwald, sondern auf unserem Dorffriedhof. Ein kleines Viereck, vielleicht mit einem steinernen Symbol. Meine Lebenspartnerin möchte dort auch ein Bild von mir sehen. Sie meint, dann könnte sich die erinnernde Begegnung persönlicher gestalten. Das Urnengrab setzt voraus, dass mein Körper vorher ins Krematorium kommt.

Er muss verbrannt werden. Die Vorstellung des Verbrennens ist manchen Menschen sehr unangenehm, meiner Partnerin auch. Erschreckende Bilder können sich einstellen. Tod in den Flammen, Scheiterhaufen, Vernichtungsöfen unseliger Zeiten. Da gilt es einen klaren Kopf zu behalten. Im Krematorium wird nur der tote Körper verbrannt. Das macht den Unterschied.

Trotzdem gibt es immer noch Vorbehalte gegenüber dieser Bestattungsart. In meiner Jugendzeit hatte auch die katholische Kirche ihre Bedenken. Soviel ich weiß, ging es um den Gedanken der Auferstehung. Wer sich verbrennen ließ, bei dem vermutete man den demonstrativen Verzicht auf seine spätere Auferweckung. Eine schlichtere Auslegung war damals auch zu hören: Vielleicht habe Gott seine Schwierigkeiten, aus ein paar Aschekrümeln wieder einen vollständigen Menschen auferstehen zu lassen.

So kindhaft rührend mag das heute wohl niemand mehr sagen. Auch mein Verständnis geht in eine andere Richtung. Auferstehung – das ist etwas ganz anderes, so wie Gott der ganz Andere ist. Mit physikalisch Greifbarem oder biologisch Erfahrbarem hat das nichts zu tun. Erst recht nicht mit einem

Ort, an dem ein Menschenrest verwandelt werden könnte. Insoweit erscheint mir auch der Ort meiner Beerdigung nicht mehr so wichtig. Orte sind nur zum Erinnern da, solange sich noch jemand erinnern kann oder will. Auferstehungsrelevant sind die Orte nicht, denn irgendwann werden alle Orte dieser Welt sich verändern oder ganz verschwinden. Schon die überschaubare Erdenzeit lehrt uns, dass Kulturen kommen und gehen. Weltmeere haben sich gebildet, wo früher Wald und Wiesen standen. Unvorstellbar lange Zeiten war die Erde ohne Menschen und wird es aller Voraussicht nach auch wieder sein. Spätestens wenn sich die Sonne vergrößert und es auf der Erde glühend heiß ist, wird niemand mehr da sein, der nach einem Ort suchen kann. Es ist sogar denkbar, dass eines Tages der ganze Planet Erde verschwunden ist, vielleicht noch ehe der Engel nach den Worten der Bibel zum Auferstehen ruft.

Doch das ist nicht mehr meine Sache. Mir bleibt nur die Aufgabe, das passende Grab für meine Bestattung zu planen. Ob es dann auch der Ort meiner Auferstehung sein wird, will ich Gott überlassen. Das ist allein seine Sache.

Die Sehnsucht nach dem Paradies

Wenn vom Paradies die Rede ist, dann denke ich zuerst an den Garten Eden. Ein phantastisch schöner Ort, von Gott selbst gestaltet mit allen guten Dingen, die den neu geschaffenen Adam erfreuen sollten. Wie man in der Bibel lesen kann, war es wohl etwas zu viel des Guten, zumal auch noch ein Weib auftauchte, die wie viele ihrer Nachkommen immer noch mehr wollte und damit samt ihrem Adam >ins Schleudern kam<. Man hatte sich übernommen und musste fortan für's tägliche Brot selbst aufkommen. Der Mythos ist deutlich: Paradiesische Zustände hält der Mensch nicht lange aus. Später hat Goethe es so formuliert: >Es ist nichts schwerer zu ertragen, als eine Reihe von guten Tagen.<

Etwas weniger humorvoll steckt im Mythos Paradies auch noch das Stichwort >Sündenfall<. Unscharf übersetzt wird dieses Geschehen dem Geschlechterpaar Adam und Eva untergeschoben, so als ob es sich um eine sexuelle Verfehlung handelte. Mag sein, dass ihre unbedarfte Nacktheit diesen Irrtum aufkommen ließ. Es ging jedoch um etwas anderes, um etwas viel Schwerwiegenderes.

Der Herr allen Lebens hatte ihnen verboten, Früchte vom Baum der Erkenntnis zu essen. Alles andere stand ihnen zur Verfügung, nur dieser eine Baum war tabu. Die Erkenntnis vom guten und bösen Tun sollte den Menschen vorenthalten bleiben. Konnte das gut gehen? Wir wissen es, das erste Menschenpaar hatte sich anders entschieden. Statt sich in paradiesischer Unbefangenheit zu tummeln, entschieden sie sich für schonungslose Selbsterkenntnis. Der Preis war hoch, denn nun mussten sie ihr Leben selbst in die Hand nehmen und auf einer endlichen Lebensstrecke sehenden Auges dem Tod entgegen gehen.

Der Große Gärtner hatte mit seinem Verbot die Menschen herausgefordert, und er wusste wohl, was er tat. Es ist sogar zu vermuten, dass er die Entscheidung der Menschen vorausgesehen hat. Mehr noch, er wollte, dass sie so entscheiden und das Paradies verlassen. Er kannte seine Geschöpfe und wusste, paradiesisch leben ist nicht Sache der Menschen. Dazu waren sie von ihm nicht geschaffen und vorbereitet, vor allem nicht hier auf dem Planeten Erde.

Der Mythos Paradies ist damit jedoch noch nicht zu Ende gedacht, denn der Große

Gärtner hatte dafür gesorgt, dass die Erinnerung an den Garten Eden im Innersten erhalten blieb. Das Bild vom Paradies und die geheimnisvolle Sehnsucht danach bewegt die Menschen noch immer. Zu allen Zeiten haben sie versucht, diesen Ort ihrer Sehnsucht wieder zu finden. Die einen suchen ihn im Zurückerinnern, andere planen ohne Unterlass an politischen Paradiesgärten, für wieder andere wird der Mythos zu einem Ort der Hoffnung, den sie über ihren Tod hinaus erwarten.

Ich selbst möchte mich denen anschließen, die das Paradies in der Zukunft erhoffen, wo es auch Himmel genannt wird. Für diesen Mythos gibt es natürlich auch wieder viele Bilder. Alles nur denkbare irdische Glück soll in besonders üppiger Weise dort erfahren werden. Freude am Wiedersehen mit den geliebten Angehörigen und erfülltes Liebesglück der vom Tod getrennten Paare. Wer Phantasie hat, kann diese kurze Liste nach Belieben ergänzen.

Ich möchte das nicht tun. Ich denke, wir sollten nicht noch einmal den Fehler wiederholen, den wir mit der bildhaften Ausgestaltung des Gartens Eden gemacht haben. Schon damals haben wir nicht begriffen, was der Große Gärtner mit uns vorhatte. Mit unseren Vorstellungen vom himmlischen Paradies sollte uns das nicht noch einmal passieren. Selbst die ernstgemeinten Hinweise auf die zu erwartende >Anschauung Gottes< will ich nicht übernehmen. Wer könnte so etwas aushalten, wenn schon in biblischen Bildern die Cherubim und Seraphin im Angesichte Gottes ihre Augen mit ihren Flügeln verhüllen müssen.

Wenn ich demnächst den Weg antrete, an dessen Ende ich mein Paradies erhoffe, dann reicht mir die biblische Andeutung: >Kein Auge hat es gesehen, kein Ohr hat es gehört, und in keines Menschen Herz ist es gedrungen, was Gott denen bereitet hat, die ihn lieben.<

FÜNFTER TEIL

Spuren in schwierigem Gelände

Das >Schifflein Petri< in rauer See

Papst und Kirche sind in letzter Zeit gewaltig unter Druck geraten. Die sogenannte Missbrauchs-Affäre kennzeichnet die Situation. Aus vielen katholischen Internaten melden sich ehemalige Schüler, die von Geistlichen sexuell missbraucht wurden. Nicht nur in Deutschland, auch aus Irrland und den USA werden immer mehr Fälle bekannt. Die Deutsche Bischofskonferenz hat einen Trierer Bischof als Sonderbeauftragten eingesetzt, um aufklärende Zusammenarbeit mit staatlichen Behörden zu gewährleisten.

Auch der Papst steckt in der Gemengelage. Als ehemaliger Erzbischof von München-Freising soll er einen beschuldigten Geistlichen seiner Diözese nicht rechtzeitig suspendiert haben. Und als Prälat der Glaubenskongregation habe er international bekannten Missbrauch nicht sachdienlich geahndet. Die Verwirrung ist groß. Viele Bischöfe bitten die Beteiligten um Vergebung. Auch der Papst lässt Entsprechendes verlauten. Aber gerade er gerät in diesen Tagen auch von anderer Seite in die Kritik. Allzu lange habe er sich in das Sexualverhalten seiner Kirchenmitglieder eingemischt. Ungeachtet der Lebbarkeit kirchlicher Gesetze und Verordnungen würden bis heute beispielsweise homosexuell orientierte Menschen als Sünder gebrandmarkt.

Viele alte innerkirchlichen Probleme werden wieder neu aufgelegt: Geschiedene Frauen und Männer haben bei Wiederverheiratung keine Chance, am vollen sakramentalen Leben teilzunehmen. Der Zölibat verbietet es allen Priestern, ihre Liebe auch sexuell zu gestalten. Leider mit dem Ergebnis, dass immer weniger Männer sich zum Priesterberuf entscheiden. Dass die Gemeinden dabei in große Schwierigkeiten geraten, scheint die Verantwortlichen wenig zu berühren.

Wie gesagt: Das >Schifflein Petri< ist in raue See geraten. Nicht wenige Kirchenmitglieder halten es für möglich, dass dieses Schifflein auch scheitern könnte. Der Theologe Hans Küng hat deshalb auch in großer Sorge um die Kirche ein neues Konzil angefordert. Dass die Kirchenleitung diesem Vorschlag zustimmen wird, ist kaum anzunehmen. Eher wird man sich auf die alte Verheißung verlassen: >Die Pforten der Hölle werden sie (die Kirche) nicht überwältigen<.

Meine eigenen Erfahrungen im Dienste der Kirche ermutigen mich ebenfalls nicht, an einen grundsätzlichen Neuanfang zu glauben. Ich habe es selbst erlebt, wie Vorschläge zur Veränderung von der Kirchenleitung behandelt werden.

Mein Beispiel geht zurück in die Zeit meiner beruflichen Tätigkeit in der Männerseelsorge. Damals wurde in Rottenburg ein so genannter Diözesantag veranstaltet mit dem Thema: >Im Heute glauben – Dem Geheimnis des Lebens auf der Spur.< In 28 Arbeitsgruppen befassten sich 286 Männer und Frauen einige Tage lang mit diesem Themenbereich. Ich hatte den Auftrag, eine Gruppe von Männern zu begleiten, die aus Männersicht Vorschläge für ein gelingendes Leben machen wollten. Was wir zustande brachten, ist am Ende dieses Textes aufgeschrieben. Alle Gruppenmitglieder waren stolz auf ihr Ergebnis. Dieses Hochgefühl steigerte sich noch, als bei der Präsentation unseres Textes die Delegation der Frauen aufstand und einem jeden von uns eine Rose überreicht wurde.

Unsere Diözesanleitung hat sich leider dieser Zustimmung nicht anschließen wollen. Im Gegenteil, ich wurde ins Domkapitel zitiert und durfte mir anhören, dass es eine Schande sei, was unsere Männergruppe und ich als Verantwortlicher beim Diözesantag vorgeschlagen hätte. Trotzdem bin ich weiterhin stolz auf diese Vorschläge, die unsere Männergruppe damals der Kirche gemacht hat.

Unter der Überschrift: >Aus dem Glauben leben – als Mann< haben wir folgendes aufgeschrieben:

Erotik und Sexualität gehören zu den größten, spannendsten und reizvollsten Geheimnissen und Geschenken unseres Lebens. Durch sie können Männer und Frauen Sternstunden, aber auch Schmerz und Verlust erleben.

Eine lebendige Kirche würdigt diese Sternstunden und wertet den Schmerz und das Scheitern nicht ab.

Eine lebendige Kirche gibt Männern und Frauen Raum, ihre ganze Lebendigkeit, die Kraft und die Schönheit, die in ihnen steckt, zu entfalten.

Die Bevorzugung von Männern und die Bindung von Ämtern und Leitungsfunktionen an ein zölibatäres Leben wertet die Frauen und die Sexualität der Männer ab.

Als Männer verstehen wir unser Christsein anders: Wir bejahen selbstbewusste und gleichberechtigte Frauen in allen Bereichen unseres Lebens und damit auch in der Kirche. Deshalb sollen ihnen alle Ämter und Leitungsfunktionen offenstehen. Menschsein gelingt nur im gleichberechtigten Zusammen und Gegenüber von Frauen und Männern.

Die Verpflichtung zum Zölibat schränkt Berufungen von Frauen und Männern zur Seelsorge und zur Leitung in der Kirche ein.

Eine lebendige Kirche wendet sich der teils offenen und teils verdrängten >Wunde Sexualität< nachdenklich und tolerant zu. Von dieser Trauerarbeit versprechen wir uns Befreiung zu neuer Lebendigkeit, Lust und Leidenschaft im Leben und im Glauben.

Eine lebendige Kirche gewinnt auch, indem sie sich von der Schönheit und Zärtlichkeit des Lebens verlocken lässt.

Eine lebendige Kirche stürzt Götzen vom Sockel, damit der Blick auf den liebenden, menschenfreundlichen und lebensfördernden Gott frei wird.

Gottes Geist weht wo er will

Vor einigen Tagen wurde mir von einer innerkirchlichen Versammlung berichtet, in der >die momentane Lage der Katholischen Kirche< besprochen werden sollte. Was zu hören war, konnte wohl niemanden überraschen. Kirchenaustritte in großer Zahl. Die Fälle von sexuellen Übergriffen der Geistlichen in katholischen Internaten hatte man schon wochenlang in den Medien wahrgenommen. Viele Kirchenmitglieder sind enttäuscht, auch empört. Das Vertrauen in den Klerus schwindet. Die Diözesanleitung hat an mehreren Orten des Bistums öffentliche Gespräche angeboten.

In diese Situation hinein hat der weltbekannte Theologe Hans Küng einen Brief an alle katholischen Bischöfe dieser Erde versandt. Darin sind die verpassten Gelegenheiten zu Reformen und Veränderungen aufgeführt, die Papst und Bischöfe ungenutzt verstreichen ließen. Da heißt es unter anderem:

Vertan die Annäherung an die evangelischen Kirchen. Deshalb keine Annäherung ihrer Ämter und kein gemeinsames Abendmahl.

Vertan die Chance, mit den modernen Wissenschaften Frieden zu schließen betreffs Evolutionstheorie und Stammzellenforschung.

Vertan die Chance, die Überbevölkerung zu stoppen durch Empfängnisverhütung und Kampf gegen Aids durch Erlaubnis der Kondome.

Die Liste der notwendigen Reformen ist lang. Ich werde sie hier nicht aufführen. Manches interessiert mich auch nicht mehr. Wenn die katholische Kirche >gegen die Wand fahren will<, dann soll sie das tun. Mein Gottesglaube wird das überstehen.

Unter den Basis-Glaubenden gibt es aber auch unverhoffte Überraschungen. Als Beispiel nehme ich den Ökumenischen Kirchentag in München, der im Mai 2010 stattfand. Gemeinsames Abendmahl war allerdings auch hier ausgeschlossen worden. Statt dessen wurde ein Impuls der Orthodoxen Kirche aufgegriffen, das gesegnete Brot im Andenken an Jesus auszuteilen und zu essen. >Bravo, es geht doch!< Wie habe ich mich damals gefreut!

Ich denke, Jesus ist in solchen Situationen in der Gemeinschaft der Gläubigen anwesend. Seine geglaubte Kraft stärkt die Menschen, einander anzunehmen und füreinander da zu sein. Mir reicht das, und ich vermute, dass es vielen anderen Katholiken auch reicht. Wenn die katholische Theologie es anders haben will - religionsverbindend ist es nicht und damit meiner Meinung nach auch nicht hilfreich.

Das konfessionsübergreifende Essen des gesegneten Brotes in München könnte vielleicht auch noch eine geheimnisvolle Nebenwirkung haben. Priester hat man nämlich dazu nicht gebraucht. Wenn diese also in nächster Zeit sowieso rar werden, käme damit eine Lösung in Sicht. Da sage noch jemand, dass der Heilige Geist nicht mehr wirksam sei. Es wäre zwar ein eigenartiger Umweg des Göttlichen Willens, aber sagt man nicht auch: >Gottes Geist weht wo er will.<

Ein aufrechter Christenmensch

Heute morgen habe ich die Stimme von Eugen Drewermann im Radio gehört. In einem Interview gratulierte man ihm zu seinem

70. Geburtstag. Dem habe ich mich ange-
schlossen, auch mit Dank für seinen auf-
rechten Gang durch die vielen Jahre, in
denen er mir und vielen anderen Stütze und
Hilfe bei der Gottessuche war.

So wie ich ihn aus vielen Vorträgen und
Büchern kenne, hatte er auch diesmal eine
Überraschung parat. Religion, so sagte der
Theologe Drewermann, da geht es nicht um
Gott, sondern um den Menschen. Wie gesagt,
ich war überrascht. So schlicht und so
deutlich musste er mir das heute morgen
sagen, damit ich mit meinem Nachdenken
über Gott und die Kirche >wieder auf die
Beine komme<. Wie hatte ich mich doch
immer wieder aufgeregt, wenn kirchliche
Anweisungen meinen Verstand zu beleidigen
schienen. Was alles geoffenbart und in
Bekenntnissen formuliert mir zu glauben
dargereicht wurde – wie habe ich mich oft
geärgert, weil ich es nicht annehmen konnte,
es auch so gar nicht mit meiner Lebenser-
fahrung übereinstimmen wollte.

Und nun diese schlichte Bemerkung von
Drewermann: Um all das geht es gar nicht,
das ist nicht das Thema. Das Thema ist der
Mensch. Wenn Religion sich um etwas zu
kümmern hat, dann ist es der Mensch.

Damit ich über die Runden komme, damit ich nicht am Leben irre werde, dafür ist Religion da, meint Drewermann, und ich spüre, er hat recht.

Auch mir ist in meinem langen Leben immer wieder der Gedanke gekommen: All das, was in den Evangelien von Jesus überliefert ist, müsste auf Lebenstauglichkeit hin gelesen werden. Keine Mirakel, keine Wunder, keine Außerkraftsetzung von Naturgesetzen. Weihnachten, Ostern, Himmelfahrt – keine vordergründigen Reportagen, sondern Bilder, in denen wichtige Hintergründe des Lebens erkannt und gedeutet werden können.

Drewermann – der Therapeut! Na klar, der kann nicht mehr anders, so spottete schon vor Jahren die römische Klerikerschar. Entzug der Lehrerlaubnis, äußerer und innerer Druck, bis dass der aufrechte Christenmensch und Priester Drewermann tatsächlich nicht mehr anders konnte, als seine katholische Kirche zu verlassen.

Er kümmert sich weiter um die Menschen, beratend und therapeutisch als Mitmensch. Denn das Thema aller Religion ist der Mensch, so will er verstanden werden. Mir hilft das in diesen Tagen sehr. Denn mein Nachdenken und Schreiben über Gott und die Kirche drohte in theologischen Fragen und Ungereimtheiten zu ersticken. Zusätzlich mühsam ist es mir geworden, die Solidarität mit der katholischen Kirche aufrecht zu erhalten. Ich weiß, ich verdanke ihr viel. Gleichzeitig empfinde ich aber einen bohrenden Groll gegen die kirchlichen Instanzen, denen Dogma und Tradition wichtiger zu sein scheinen als die vielen Menschen, die sich an ihren Vorschriften zerreiben.

Da kommt mir Eugen Drewermann heute morgen gerade recht. Vielleicht ist es für mich wirklich an der Zeit, die vielen Glaubens- und Kirchenprobleme endlich zur Seite zu legen und noch einmal neu zu fragen, um was es wirklich geht. >Es geht um den Menschen!<

Zum Schluss

In diesem Buch habe ich aufgeschrieben, was mir auf meiner Glaubensspur in letzter Zeit begegnet ist. Es sind Geschichten, in denen ich nach Gott gesucht habe und nach meinem Gefühl auch einige Spuren von ihm entdecken konnte. Ihm selbst bin ich nicht begegnet, das war wohl auch nicht zu erwarten. So anmaßend wollte ich auch nicht sein. Aber mein Glaube, dass es ihn gibt, ist gewachsen. Glaube, gedacht als eine Such- und Sehnsuchtsbeziehung, die mir zunehmend etwas wert ist.

Gelernt habe ich auch einiges auf meiner Glaubenspur, zum Beispiel, dass Gott mir nicht zur Verfügung steht. Für gar nichts, noch nicht einmal als Hoffnung, im Sterben Erleichterung zu finden. Gott ist Gott. Richtig verstanden, ist er >für nichts zu gebrauchen<. Er hält sich jenseits aller Verfügbarkeit. Und das ist gut so.

Trotzdem ist er mir wichtig und wertvoll für's Leben. In Gedanken an ihn fühle ich mich herausgefordert, auch sicherer. Etwa so, wie ein Sohn sich beim Bäume klettern fühlt, wenn sein Vater unter dem Baum steht. Es ist nicht ausgemacht, dass der Vater ihn beim Abstürzen auffangen wird. Aber durch die Anwesenheit seines Vaters stärkt sich sein Vertrauen in die eigenen Kräfte.

Bei meinem hin und her auf der Glaubensspur bin ich vielen Menschen begegnet, denen ich Dank sagen möchte. Vor allem denen, die mein oft ungestümes Fragen in Gelassenheit ertragen haben. Nicht zuletzt meiner lieben Partnerin Lisa, der ich dieses Buch widme.

INHALTSVERZEICHNIS